KB127647

86일, 파리 일기장

86일, 파리 일기장

글·사진 **박유정**

* 프롤로그 *

파리 여행 때 머물렀던 한인 숙소.

유럽 여행을 하고 있는 나에게 '여행 끝나고 여기서 스텝 할 생각 없니?'라며 숙소 사장님께서 '스텝일'을 제안하셨고, 나는 여행을 마치고 한국에 가면 '제주도'로 가서 '스텝'을 할 생각이었기 때문에 고민을 해보겠다고 했다.

한국에 돌아와서 고민했다.
그야말로 행복한 고민.
내 직업의 특성상 한여름이나 한겨울에만 갈 수 있는 '제주도'로 가서 '가을의 제주도'를 마음껏 느끼며 생활해 보고 싶은 마음.
그리고 '파리'에 살며 '파리지엔느의 삶'을 경험해 보고 싶은 마음.
일을 다시 시작하면 이 두 가지의 삶을 다 경험해 볼 수 없기에 고민하고 또 고민했다.

사실 '파리' 쪽으로 마음이 더 기울어져 있기는 했다. 나뿐만 아니라 대부분의 사람에게 파리에서 살아 볼 기회가 온다는 건 쉽게 오지 않는 기회였기에.
그래도 고민을 했던 이유는 첫 번째, 부모님의 반대.
두 번째, 외국인 신분으로 여자 혼자서 파리에서 살아가기에는 치안이 불안하다는 것.
세 번째, 불어를 쓰는 나라였기 때문에 의사소통에서의 어려움.
네 번째, 물가가 비싼 점.

고민하며 또 고민했다.
고민한 끝에 '파리'에서 살아 보는 경험이 나에게 더 값진 경험이 될 것 같아서
부모님의 반대를 무릅쓰고 '파리'로 가기로 했다.

혼자 말도 잘 통하지 않는 낯선 땅에서 생활할 수 있을지 걱정이 되었지만 일단
가보기로 했다.
'한번 사는 인생! 마음 끌리는 곳으로 가보자!'
여행을 마치고 한국에 온 지 한 달이 되지 않아 나는 다시 캐리어에 짐을 싸고
'파리'로 갔다.

이렇게 나의 '86일간의 파리 생활'이 시작된다.

Day. 1
07.24 월요일

인천국제공항(Incheon Intl Airport) ▶ 샤를드골 공항(Charles de Gaulle Airport) ▶ 한인픽업 택시 ▶ 숙소

파리로 가게 되는 날.

'내가 정말 파리로 다시 가게 되다니!! 믿기지 않는다.'
인천공항에서 예약해 둔 핸드폰 유심을 찾은 후 어제부터 목이 아프길래 파리에서 더 심해지면 그대로 앓아누울까 봐 인천공항 안에 있는 '인하대학교 병원'으로 갔다.
'인천공항에서 병원은 처음 가보네….'
병원에서 진료를 받고, 약을 받은 후 다시 출국장으로 와서 비행기에 탑승했다. 두근 반 세근 반, 드디어 파리로 슈우우웅.

약 12시간 비행 끝에 도착한 파리.
'여기가 정말 파리야? 한 달이 채 되지 않아 내가 파리에 다시 오게 되다니…!' 너무 설레였다.
숙소 사장님께서 예약해 주신 한인 픽업 택시를 타고 숙소까지 오는 길에 보이는 '샤요궁'과 '에펠탑'을 보니 이제서야 내가 다시 파리에 왔다는 것이 실감 났다.
"왔어? 어서 와!"라고 말하며 아직도 내가 숙소에 묵고 있는 것처럼 편안하게 맞아주시는 사장님. 긴 비행시간과 감기약의 기운으로 정신이 비몽사몽 해서 사장님과 간단하게 근황을 나눈 후 쉬었다. 내일부터 본격적

으로 숙소 스텝 일과 파리 생활이 시작된다.
'파리에서 어떤 일들이 펼쳐질지…!'
기대가 되는 첫째 날.

한인픽업 (인당)
= 20€

짐 정리 후 숙소 테라스에서 본 에펠탑.
정각이라 에펠탑은 반짝이는 중 *_*

Day. 2
07.25 화요일

숙소 '스텝'일 배우기 ▶ Franprix

오늘부터 본격적으로 스텝으로서의 일이 시작됐다.

손님들의 아침 식사를 준비할 때 필요한 재료들을 사러 사장님과 'Franprix'에서 장을 보고 왔다. 샐러드의 양과 소스를 만드는 방법, 삶아야 하는 소시지의 개수와 미니 감자의 개수 등. 손님들에게 아침밥 차려주는 방법을 배우고, 설거지와 숙소 청소하는 방법을 배웠다. 첫날부터 모든 일을 전반적으로 배웠더니 헷갈리기도 하고 은근히 이것저것 할 일이 많은 것 같았다.

'익숙해지면 노하우가 생기겠지.'

그래도 오전에 바쁜 것만 지나면 그다음부턴 내 '자유시간'이다.

오후에는 숙소에 묵고 있는 언니가 가져온 파리에 관한 책을 빌려서 파리에 대한 정보를 수집했다.

'천천히 한 곳씩 다 가보겠어!'

고민 끝에 선택해서 온 파리. 이곳에서 생활하는 이 시간을 소중하고, 값지게 보내고 싶다.

'한국에서 빠르게 돌아가는 생활과 긴장하며 지내던 삶을 내려놓고, 파리에서는 여유롭고 느리게 즐기며 생활하자.'

아침 식사에 필요한 재료들

책을 보며 '파리'에 관한 자료들을 모으는 중

봉 마르쉐 그랑 에피스리(Le Bon Marché) ▶ 앵발리드(l'hôtel national des invalides) ▶ 샹 드 마르스 광장(Champ de Mars)

어제 책을 보다가 '세계 최초의 백화점'이 파리에 있다는 것을 알게 됐다. '무려 세계 최초 백화점이라니…!' '세계 최초 백화점'이라는 타이틀에 끌려 오늘은 '봉 마르쉐 그랑 에피스리' 백화점을 가보기로 했다.

별관 1층에는 '식품관'이 있는데, 다양한 식품들을 구경 할 수 있다고 한다. 그래서 오늘의 목적은 쇼핑보단 식품관 구경.

하늘에 구름이 많고 날씨가 우중충해서 우산을 들고 나왔다.
87번 버스를 타고 창밖으로 파리의 바깥 풍경과 사람들의 모습들이 보였다. 보슬보슬 비가 내리는 날씨의 파리 사람들의 일상.

버스에서 내려서 백화점에 들어가자마자 에스컬레이터가 보였다.
'에스컬레이터가 이렇게 이쁘다니!'
지금까지 보지 못했던 에스컬레이터의 모습에 셔터가 저절로 눌러졌다.
사진을 찍은 후 어떤 브랜드들이 있는지 짧게 아이쇼핑을 하고 오늘의 목적지인 '식품관'으로 갔다.

예쁘게 진열되어 있는 과일들, 다양한 과자, 치즈, 차, 간식거리들이 넘쳐났다. 그리고 탄산수와 물병들이 어떻게 이렇게 예쁘게 진열되어 있을 수 있는지…! 작품처럼 전시되어 있는 물건들의 볼거리와 다양한 식품들 때문에 식품관에서 눈 돌아가는 줄 알았다. 나중에 기념품 살 때 다시 와

너무 예뻤던 에스컬레이터

* 봉 마르쉐 그랑 에피스리(Le Bon Marché) *
24 Rue de Sèvres, 75007 Paris

봐야겠다는 생각을 하고 오늘은 숙소에서 먹을 간식만 사고 나왔다.

여전히 비는 보슬보슬.

버스를 타고 숙소로 돌아오는데 흐린 날씨에도 황금색의 지붕이 선명하게 보이는 건물이 있었다. '저건 무슨 건물이지?' 무슨 건물인지 찾아보니까, '앵발리드(나폴레옹 군사 박물관)' 건물이었다.

'아, 맞다. 나폴레옹이 프랑스 사람이지!'

들어가 보고 싶었지만, 날씨가 추워서 앵발리드는 다음에 와 보기로 하고, 오늘은 '샹 드 마르스 공원'에서 내려 에펠탑을 본 후 숙소로 왔다.

파리에 와서 처음으로 혼자서 버스 타고 멀리까지 나와봤는데, 헤매지 않고 잘 다닌 것 같다. 앞으로도 혼자서 여기저기 돌아다닐 수 있을 것 같은 자신감이 생겼다.

> 사탕, 과자, 사과 말랭이
> = 10.50€

* 앵발리드(l'hôtel national des invalides) *
129 rue de Grenelle paris

Day. 4
07.27 목요일

손님들이 예쁘게 꾸미고 들뜬 마음으로 숙소에 나가는 모습들을 보니까 왠지 모를 답답한 마음이 생겼다. 그래서 오전 숙소 일을 마치고 센 강 주변을 걸었다. 아마 여행자로 왔던 파리의 생활과 스텝으로 일을 하고 있는 파리의 생활 사이에서 조금의 혼란을 겪는 것 같았다.
'나도 한 달 전에는 여행할 생각에 설레는 마음으로 준비하고 숙소에 나 갔는데….'

숙소에서 '샤요궁' 쪽으로 쭉 걸으면 나오는 '센 강'.
한 달 전, 파리 여행을 할 때 에펠탑 앞에서 핸드폰을 잃어버리고, 싱숭 생숭한 마음을 달래기 위해 처음으로 센 강에 왔다. 오늘도 싱숭생숭 한 마음이 들어서인지 센 강 쪽으로 발걸음을 옮기게 되었다. 이어폰을 귀에 꽂고 음악을 들으며 걸으니 '파리지엔느'가 된 것 같아 기분이 좋아 졌다.
한 달 전보다는 사람들도 많고, 북적북적해진 분위기.
천천히 걷다 보면 센 강을 따라 세워진 다양한 모습의 배들이 보이는데,
사장님께서 이 배들은 사람들이 강 위에서 집
처럼 생활하며 사는 배라고 하셨던 것이 기억
났다.
센 강을 보며 걸으면서 멋지게 지어진 다리들

을 보며 감탄하고 있는데 그 멋진 다리 위로 전철이 지나간다.

'캬… 정말 예술이구나. 어쩜 이렇게 풍경이 예쁜지.'

파리에서 생활하면서 마음이 답답해지면 센 강을 찾을 것 같다.

'조금씩 파리 생활에 적응하는 중이겠지…!'

Day. 5
07.28 금요일 ☀

샤요궁(Palais de Chaillot) ▶ 마레 지구(Explore the Marais) ▶ 루브르 박물관(Musee du Louvre)

오늘은 현주 만나는 날. 유럽 여행을 할 때 네덜란드에서 처음 만났던 동생인데 아직도 유럽 여행을 하고 있다.

'정말 대단한 아이야.'

유럽 여행의 마지막 도시인 '파리'에 왔다고 해서 오늘 만나기로 했다. 만나는 장소는 '샤요궁'.

에펠탑 쪽을 바라보며 앉아있는 현주. 반가운 마음에 와락 끌어안았다.

"그새 손이 더 새카매진 거 같은데?"

네덜란드 때 보다 더 새까맣게 탄 현주의 손을 보고 빵 터졌다.

"아니 현주야, 손에도 선크림을 발랐어야지!"

"언니 이미 망했어요."

우리는 마레 지구에 있는 오리 스테이크를 먹으러 '르 쁘띠 마르쉐 (Le petit Marche)'로 버스를 타고 갔다. 가게에 도착했더니 오후 오픈 시간이 19:00부터라고 쓰여 있었다. 지금으로부터 2시간을 더 기다려야 하는 상황이라 우리는 다음에 오기로 하고 마레 지구를 둘러보다 괜찮은 음식점에 가서 저녁을 먹기로 했다.

정말 조그맣고 아담한 옷 가게, 편집숍들이 많이 있는 마레 지구. 현주와 가게들을 구경하며 걷다가 '브레이즈 카페(Breuzh Cafe)'라고 쓰여있는 '크레프' 집으로 들어갔다.

나중에 찾아보니 '크레프'로 유명한 집이었다.

배를 채우기 위해 식사 대용으로 먹는 '갈레트'를 시켰는데, 나온 음식을 보니 우리가 생각한 '갈레트'가 아니었다.

식사용으로는 부족해 보이는 '갈레트'.

옆 사람이 시킨 거 보고 주문했는데 다른 거였나보다.

크레프 주문도 실패하고, 먹어보고 싶었던 오리 스테이크도 먹진 못했지만 이 골목 저 골목 돌아다니면서 마레 지구의 분위기를 느낄 수 있었다.

우리가 주문해서 나온 '갈레트'

* 브레이즈 카페(Breuzh Cafe) *
109 Rue Vieille du Temple, 75003 Paris

그리고 오늘은 금요일.

매주 금요일 오후 6시 이후에 '만 26세 이하'의 사람들은 '루브르 박물
관' 입장이 무료이기 때문에 버스를 타고 '루브르 박물관'으로 갔다.

'나는 생일이 3월인데, 받아줄까?'

혹시나 하는 마음으로 심장을 두근거리며 여권을 보여줬더니 안 된다고
한다. 생일이 지나서 무료입장 불가. 봐주지 않는 철저함에 슬픔을 머금
고 현주에게 인사를 한 후 나는 숙소로 돌아왔다.

'루브르는 다음 기회에…!'

갈레트, 레몬에이드
= 15€

* 루브르 박물관(Musee du Louvre) *
Rue de Rivoli, 75001 Paris

Day. 6
07.29 토요일

콩스탕(Café Constant) ▶ 디저트 가게

오늘은 숙소에서 쉬기로 했다.

오전에 해야 할 스텝 일과를 마친 후 테라스에 나가서 에펠탑 한번 보고, 파리에 대한 정보를 모으기 위해 다시 책을 펼쳤다.

저녁 시간 때쯤, 숙소에 묵고 있던 언니가 나를 보더니 맛집을 알아냈다면서 같이 가자고 해서 급하게 준비를 한 후 맛집으로 갔다.

그곳은 바로 '콩스탕'.

가게에 들어서자마자 한국 사람들을 많이 볼 수 있었고, 동행 인원이 많은 사람들은 가게 앞에서 웨이팅을 하고 있었다. 우리는 타이밍이 좋아서 웨이팅을 하지 않고 바로 자리에 앉았다. 언니가 추천해 준 '오리 스테이크'와 '굴'을 시켜서 먹었는데 정말 맛있었다.

특히 연어와 농어를 같이 먹을 수 있는 '굴 요리'는 최고였다.

기분 좋게 저녁을 먹은 후 음식점 근처에 있는 디저트 집에서 맛있어 보이는 디저트를 샀다. 언니와 같이 나눠 먹었는데 정말 맛있었다. 파리는 어느 디저트 가게를 들어가도 다 맛있는 것 같다.

콩스탕 -17€
디저트 -3€
= 20€

* 콩스탕(Café Constant) *
139 Rue Saint-Dominique, 75007 Paris

Day. 7
07.30 일요일

샹 드 마르스 광장(Champ de Mars) ▶ 피자, 파스타
▶ 샹 드 마르스 광장(Champ de Mars)

파리에서 생활하면서 파리로 여행 온 '한국 사람들'을 만나 다양한 이야기를 나누어 보고 싶었다. 그래서 오늘은 '유랑'에서 저녁을 같이 먹을 동행들을 구했다. 동행들을 만날 장소는 '샹 드 마르스 광장'!

에펠탑에게 "안녕?" 인사를 한 후 동행들이 있는 곳으로 갔다. 우리는 너무 배가 고팠기 때문에 에펠탑 근처에 있는 음식점들 중에서 사람들이 북적거리는 곳으로 들어갔다.
"여기 맛있나 봐요. 사람들이 많네."
주문한 피자, 파스타가 나오고 반가운 마음으로 허겁지겁 먹는데 음식들이 전부 짰다.
'이 음식점은 음식들이 대체적으로 짠가?'
오늘 처음 본 사람들이라 서로 어색한데 음식까지 맛이 없어서 더 어색해진 느낌이었다.

"우리 맥주 한 잔씩 할까요?"
실망스러움으로 음식점을 나와서 맥주를 마시자는 의견이 나왔길래 '에펠탑'을 보며 맥주를 마시기로 했다. 나는 저번에 '체리 맛' 나는 맥주가 있길래 호기심에 사서 마셨는데, 상큼한 맛이 좋아서 이번에도 그 맥주를 골랐다. 마트에서 신중하게 각자의 맥주를 고른 후 '샹 드 마르스 광

장'으로. 잔디밭에 앉아서 맥주를 마시다 보니 조금씩 날이 어두워진다.
어느새 노을이 생긴 하늘, 에펠탑, 그리고 맥주.
'크…!'
동행들에게 파리에서 스텝으로 일하고 있다고 하니까 신기해했다.
"아, 우리 숙소 너무 먼 거 같아요. 거기 숙소에 자리 없어요?"
"자리는 있죠. 하지만 안타깝게도 우리는 여자 전용이에요. 어떻게 여장하고 올래요?"
"여자 전용 숙소에요? 아쉽네. 그럼 나도 스텝으로 가면 안 되나? 잘할 자신 있는데."
"내가 사장님께 추천 한번 해보죠."
동행들과 이런저런 이야기를 나누다 보니 하늘이 더 어두워지고, 에펠탑에 불이 들어왔다. 반짝이는 에펠탑을 보며 맥주 한 잔과 함께 소소한 이야기를 나누는 이 시간이 행복하다.

피자, 파스타
-22€
맥주 -3,20€
= 25,20€

* 샹 드 마르스 광장(Champ de Mars) *
2 Allée Adrienne Lecouvreur, 75007 Paris

Day. 8
07.31 월요일 ☀

숙소 지키기

날씨 좋은 오늘. 카페에 가서 커피 한 잔 마시고, 노을 지는 에펠탑 풍경도 보고, 야경도 보고 싶은데, 현실은 숙소 안이다. 아는 사람과 만나기로 했던 약속이 갑자기 취소됐다.

'오늘은 열심히 숙소 지키는 날인가 보다.'

속상한 마음에 숙소에서 쉬기로 했다. 수요일에는 새로운 스텝 한 명이 더 온다고 사장님께서 알려주셨다.

'어떤 사람이 올까? 새로 오는 스텝과 잘 맞아서 같이 즐겁게 생활했으면 좋겠다.'

"짜잔!! 스텝님! 이것 봐요."

저녁을 먹고 쉬고 있는데, 손님들 중 한 분이 와인을 사 왔다며 같이 마시자고 와인을 보여줬다. 뜻하지 않은 와인에 신이 나서 급하게 와인잔을 꺼내고, 와인과 같이 먹을 음식을 만들어서 손님들과 식탁에 앉았다.

"크, 역시 프랑스 산 와인이 최고네!"

와인을 사 온 손님이 와인 공부를 하고 있다면서 와인에 대한 기초 지식들을 알려줬다. 파리에서 생활하면서 '와인'에 대한 것들을 조금씩 알게 되고, 맛있는 와인들을 많이 마셔볼 것 같아서 기대된다. 그리고 몰랐는데 와인을 마시면 몸이 따뜻해져서 그날은 잠을 푹 잔다.

'분위기 좋고, 맛도 좋고, 잠도 잘 자고. 와인이 일거양득이구나!'

Day. 9
08.01 화요일 ☀

콩스탕(Café Constant) ▶ 까르프(Carrefour Market) ▶ 샹 드 마르스 광장 (Champ de Mars)

오늘은 이틀 전에 만난 동행들 중 한 명과 다시 만나서 파리 시내를 돌아다니기로 했다.

"직업이 뭐예요?"

"직업 군인이었는데, 너무 힘들기도 하고, 세 번 정도 죽을 뻔한 고비를 넘긴 적이 있어서 전역하고 유럽 여행 왔어요."

파리 시내를 돌아다니면서 군부대에서 있었던 이런저런 이야기를 들려줬다. 처음에는 어디에서 근무했는지 알려주지 않았는데 알고 보니 '태양의 후예' 드라마에 나온 군부대에서 근무했다고 한다.

"자랑 같아서 어디에서 근무했는지 사람들한테 잘 말하지 않아요."

좋은 부대에서 연금이 보장되는 직업군인을 제대한 것이 아쉽다고 생각했는데 '얼마나 힘들었으면 제대를 했을까.'라는 안쓰러운 마음이 들었다.

"저녁으로 뭐 먹을까요?"

"파리에서 일하는 스텝으로서 추천해 줘요."

저녁으로 뭐를 먹을지 고민하다가 저번에 먹은 '콩스탕'이 생각나서 콩스탕으로 가자고 했다. 내가 추천해 준 식당이라 그런지 내가 만든 음식을 대접하는 것 마냥 맛있어 할지 조마조마했는데, 다행히 맛있다면서 따봉을 해줬다. 저녁을 먹은 후, 에펠탑 앞에서 맥주를 마시고, 한국에서 다시 보자는 말과 함께 하루를 마무리했다.

콩스탕 -29€
맥주,과자 -2.8€
= 31.8€

Day. 10
08.02 수요일

새로운 스텝 맞이하는 날!

새로운 스텝이 왔다.

아일랜드의 수도 '더블린'에서 음악을 공부하러 유학 왔는데, 방학 기간 동안 파리에서 생활해 보고 싶어서 스텝으로 온 22살 학생이다.
'22살에 파리에서의 생활이라… 나는 22살에 뭐 했지?'
어린 나이 때 파리에서 생활해 보는 경험을 한다는 것이 부러웠다.
'나도 20대 초반에 이런 기회가 왔었으면 좋았을 텐데.'

저녁을 먹으면서 더블린에서 지냈던 이야기도 듣고, 이런저런 이야기를 나눈 후 내일부터 해야 할 스텝 일에 대해서도 알려줬다. 나뿐만 아니라 스텝으로 온 동생도 '파리'에서 생활하는 동안 좋은 사람들을 만나고, 좋은 것들을 보고, 느끼고, 경험하며 좋은 추억을 많이 쌓길…!!

숙소 지키기

'더블린'에서 온 스텝 동생은 영어 공부를 위해 아침마다 라디오로 '영어 시사'를 듣는다고 한다.

그 덕에 아침밥을 준비하는 동안 내 귀에 자연스럽게 들려오는 '시사 영어'. 라디오를 들으면 순간 여기가 불어를 쓰는 파리인지, 영어를 쓰는 나라인지 헷갈린다. 이렇게 반강제적으로 영어 공부를 하게 된 나.

'영어 공부도 하고, 불어 공부도 하고, 이것 또한 일석이조?'

동생에게 오전에 해야 할 스텝 일들을 알려 주고, 각자 개인 시간을 가졌다. '광장에 가서 에펠탑 보고 올까?' 생각하다가 파리에 관한 책들을 보며 파리의 정보들을 더 열심히 모으기로 했다. 테라스로 나가서 에펠탑에게 "안녕?" 인사를 한 후 들어와서 책상에 앉았다. 조금씩 파리의 지리가 익혀 지면서 하루, 하루씩 다닐 곳의 계획들이 세워지고 있다.

그래서 파리에서의 생활이 더 설렌다.

스텝 동생과 점심에 만들어 먹은
'바질 페스토 파스타'

중국 마트(Tang Frères) ▶ 몽쥬약국(Pharmacie Monge)

오전 일을 마친 후, 김치를 담그기 위해 사장님과 '중국 마트'를 갔다. '김장을 할 때 필요한 재료들이 다 있을까?' 생각했는데 배추, 무, 파, 새우젓, 마늘, 생강 등 없는 재료들이 없었다. 재료들을 다 사고, 사장님께서 먹고 싶은 것들을 고르라고 하셔서 '오예!'를 마음속으로 외치며 오랜만에 본 한국 과자들과 맛있어 보이는 과일들을 골랐다. 모두 합치니 두 배로 늘어난 짐들. 짐들이 너무 무거워서 우리는 우버를 불러서 가기로 했다.

오늘 우버를 처음으로 타봤는데, 운전사가 흑인 청년이었다. '내가 흑인 청년이 운전하는 차를 타보다니.' 너무 신기해서 도착할 때까지 창밖 풍경보다 흑인 청년의 운전하는 뒷모습을 더 많이 본 것 같다.

숙소에 도착해서 잠깐 휴식을 취한 후, 필요한 생필품을 사기 위해 '몽쥬약국'을 갔다 오기로 했다. '몽쥬약국을 가면서 파리의 바깥 풍경도 보고 싶으니까 오늘도 나의 교통수단은 87번 버스.'

금요일의 파리 사람들의 모습. 저 신호등에 서 있는 사람들은 어디를 가고 있는 걸까, 어떤 직업을 가진 사람일까, 이야기하며 걷는 저 사람들은 무슨 얘기를 하고 있을까, 저기 보이는 집의 내부는 어떤 모습일까. 창밖

으로 보이는 파리 사람들의 일상을 구경하다 보니 어느새 도착했다. 정류장에 내려서 근처 마트에 들러 'Loreal 샴푸'를 사고, 몽쥬약국에서는 클렌징 오일 '바이오더마'와 '마비스 치약'을 샀다.

'파리에서 생활하는 동안 나와 함께 할 생필품들!!'

숙소로 와서 한국에서 가져온 미니 목욕 바구니에 생필품들을 정리하는 것으로 하루를 마무리했다.

* 중국마트(Tang Frères) *
168 Avenue de Choisy, 75013 Paris

* 몽쥬약국(Pharmacie Monge) *
74 Rue Monge, 75005 Paris

샴푸 -3.90€
몽쥬약국 -17.17€
엽서 -3.40€
= 24.47€

샹 드 마르스 광장(Champ de Mars)

저녁에 에펠탑이 보고 싶어서 '광장에 갔다 올까?' 고민하다가 혼자 가면 심심할 것 같아 동행을 구하려고 '유랑' 사이트에 들어갔다. 동행 글 중 눈에 띄는 글 발견. '샹 드 마르스 광장'에서 버스킹을 한다는 사람들. '에펠탑이 보이는 곳에서 버스킹이라, 너무 낭만적이잖아…!' 바로 동행하겠다고 쪽지를 보내고 광장으로 갔다. 광장에 도착해서 에펠탑을 보는데, '오늘따라 에펠탑 색이 이상하다?' 에펠탑이 반은 빨간색, 반은 파란색으로 되어 있었다.

이미 광장에서 자리를 잡고 버스킹을 하는 사람들과 인사를 나눈 후 잔디밭에 앉아서 음악을 들었다. 음악을 전공한 사람들은 아니지만 같은 숙소 손님들 중 기타를 치며 노래하는 사람과 젬베를 들고 온 사람이 있어서 급하게 결성된 버스킹 팀이라고 했다. 기타를 치며 노래하는 사람의 목소리가 정말 좋았다. 중저음의 편안한 목소리.

서로 술 한 잔씩 나눠 마시면서 이야기도 나눴다.
각자 다른 이유로 파리에 여행을 오고, 모두 다른 전공을 하는 사람들이지만 이렇게 모여서 공연하고, 이야기를 나누는 이 시간이 너무 재미있었다. 이야기하다가 오늘 유난히 다른 에펠탑 색에 대해 이야기가 나왔다.
"'샤요궁' 쪽에서 보면 더 예뻐요."

"진짜요? 그럼 가야지."

한 동행이 샤요궁 쪽으로 가서 보면 더 예쁘다는 말을 듣고 부랴부랴 짐을 챙겨서 샤요궁 쪽으로 갔다.

"우와! 너무 예쁘다!"

샤요궁 쪽으로 걷다가 뒤를 돌아서 에펠탑을 봤더니 빨간색과 파란색으로 반반씩 물들어 있는 에펠탑이 반짝이고 있었다. 알고 보니 '네이마르' 선수가 프랑스 축구팀인 '파리 생제르맹'으로 이적하는 기념으로 에펠탑 색이 바뀐 거였다.

'어떤 선수인지 잘 모르지만, 예쁜 에펠탑을 보게 해 준 네이마르 선수님 감사합니다.'

오늘은 해가 지면서 너무 많이 부는 바람 때문에 추웠지만, 재미있고 좋은 사람들과 특별한 에펠탑을 볼 수 있어서 좋은 추억으로 기억될 것 같은 하루다.

에펠탑 앞에서 버스킹을 하고
있는 모습.

Day. 14
08.06 일요일

방브 벼룩시장(Vanves Flea Market)

주말 오전에만 열리는 '방브 벼룩시장'을 가기 위해 손님들에게 아침을 차려주고, 서둘러 숙소를 나왔다. 파리의 맑고, 시원한 아침 공기 냄새. 뭔가 '추석날 아침'이 생각나는 공기 냄새다.

전철과 버스를 타고, '방브 벼룩시장'에 도착.
파리 정보책에서 봤던 것처럼 앤티크한 물건들이 많아서 구경할 것들이 넘쳐났다. 조용한 듯하면서도 활기차고 평화로운 현지의 벼룩시장 분위기를 느낄 수 있는 장소였다.
"어머, 이게 왜 여기에 있어?"
같이 간 숙소 손님인 언니는 한국에서는 단종 됐다는 '웨지우드' 접시를 발견하고 너무 기뻐했다.
아마 벼룩시장에 나온 '웨지우드' 접시를 모두 산 듯하다.
언니가 '좋은 접시'를 고르는 방법에 대해서 알려 줬는데, 그중에 하나는 접시를 볼 때 뒤에 찍힌 생산지를 확인하는 것이었다. 언니가 접시 사는 모습을 보고, 나도 뭔가 예쁜 접시를 사고 싶은 마음에 여기저기 둘러보다가 가을 느낌이 나는 접시 세트를 발견했다.
"언니, 이 접시 어때요?"
"오, 이쁜데? 봐보자. (접시를 뒤집으며) 프랑스산이네!"
접시를 파시는 분이 3개 사면 뒤쪽에 조금 깨진 접시를 하나 더 준다고 하셔서 기분 좋게 '13유로'를 내고 가을 느낌이 나는 4세트의 접시를 구입했다.

'한국 가서 예쁘게 과일 담아 먹어야지!'

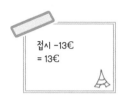

접시 -13€
= 13€

'방브 벼룩시장'에서 사 온 가을 느낌이 나는 접시들.

* 방브 벼룩시장(Vanves Flea Market) *
14 Avenue Georges Lafenestre, 75014 Paris

Day. 15
08.07 월요일

알렉상드르 3세 다리(Pont Alexandre III) ▶ 콩코드 광장(Place de la Concorde) ▶ 튈르리 정원(Jardin des Tuileries) ▶ 오랑주리 미술관(Musée de l'Orangerie)

오전에 주방 쪽 천장을 공사한다고 해서 아침 일찍 준비하고 나왔다.
오늘도 상쾌한 공기로 가득 찬 파리의 아침.
"일찍 나가니까 특별히 내가 용돈 줄게!"
사장님께서 맛있는 거 사 먹으라고 주신 용돈으로 스타벅스에서 '바닐라 라떼'를 테이크 아웃해서 손에 들고 거리를 걸었다.
'오, 나 진짜 파리에 사는 사람 같아.' 진짜 '파리지엔느'가 된 것 같아 기분이 좋았다. 사장님께서 추천해 주신 '알렉상드르 3세 다리'를 시작으로 파리를 돌아다니기로 계획했다.

파리에서 가장 아름다운 다리로 알려진 '알렉상드르 3세' 다리.
센 강을 따라 놓여 있는 수많은 다리들 중 가장 아름답다고 해서 얼마나 아름다운지 궁금했다.
'우와 가로등 좀 봐!' 금으로 덮인 조각상과 양옆으로 놓여있는 예쁜 가로등들. 정말, 첫눈에 반할 정도로 내가 본 다리 중 가장 아름다운 다리였다.

앵발리드를 지나 양쪽으로 펼쳐진 잔디밭을 지나면 나오는 '알렉상드르 3세 다리'. 이 멋진 다리를 건너오면 양쪽으로 샹젤리제 거리가 펼쳐진다.

'알렉상드르 3세 다리' 건너기 전 펼쳐져 있는 잔디밭.
뒤쪽에 보이는 건물은 '앵발리드(군사 박물관)'

* 알렉상드르 3세 다리(Pont Alexandre Ⅲ) *
Pont Alexandre III, 75008 Paris

'너무 멋있잖아.'

어떻게 나무들을 이렇게 네모난 모양으로 깎아 놓았는지, 하드바처럼 깎아 놓은 나무들 덕분에 샹젤리제 거리가 더 멋져 보였다.

네모난 나무들을 보며 걷다 보니 '콩코드 광장'이 나왔다. '콩코드 광장'을 지나 '튈르리 정원'으로 오면 분수대 주변으로 초록색 의자들이 놓여 있길래 의자에 앉아서 쉬었다 가기로 했다. 초록색 의자에 앉아서 광합성을 받으며 연못에서 평화롭게 둥둥 떠다니는 오리를 보는데, 문득 자연광을 사용하는 '모네의 수련'을 제대로 감상하기 위해서는 햇볕 좋은 날 가야 한다는 말이 생각났다.

날씨 좋은 오늘. '오늘이 바로 모네의 수련을 보는 날이다!'
일어나서 '모네의 수련'이 전시된 '오랑주리 미술관'으로 발걸음을 옮겼다.
타원형의 전시실 벽면 전체에 전시된 '모네의 '수련'.

* 튈르리 정원(Jardin des Tuileries) *
Rue de Rivoli, Paris

중간에 놓여있는 의자에 앉아서 감상하는 사람들, 수련의 작품을 따라 그리는 사람들. 각자의 방법으로 작품을 감상하고 있었다. 조용하고, 평온한 분위기와 함께 내가 작품 속으로 들어와 있는 것 같았다.

의자에 앉아서 한참 동안 모네의 작품을 감상하다가 다른 화가들의 작품들도 감상하기 위해서 계단을 내려갔다.

내려가자마자 바로 보이는 그림. 이 그림을 보자마자 눈물이 날 뻔했다. 내가 가장 좋아하는 르누아르의 '피아노 치는 소녀들'의 진품을 드디어 내 두 눈으로 본 것이다. 초등학생 때 다니던 피아노 학원 벽에 걸려 있었던 '피아노 치는 소녀들'. 이 그림을 처음으로 본 후 이상하게 피아노 학원을 갈 때마다 눈길이 가면서 좋아지게 된 그림이다.

숙소에 묵은 손님 중 직업이 '미술 선생님'인 언니가 있었는데, 언니가 말하길 "너의 첫사랑 그림이구나!"라고 말했다. 처음으로 좋아하게 된 그림을 '첫사랑 그림'이라고 부른다고 한다.

'피아노 치는 소녀들의 진품을 내가 보게 될 줄이야.'

내 눈앞에 전시된 그 작품을 언제 또다시 볼지 모른다는 생각에 아쉬운 마음이 들어 발걸음이 떨어지지 않았다. 눈에 꾹꾹 눌러 담으려고 마지막으로 사진을 찍듯이 눈을 크게 깜박인 후 자리를 옮겼다.

'다음에 또 보러 올게!'

오랑주리 입장료 -14€
수제 햄버거 + 레몬
에이드 -19,50€
= 33,50€

르누아르의
'피아노 치는 소녀들'

* 오랑주리 미술관(Musée de l'Orangerie) *
Place de la Concorde, 75001. paris

Day. 16
08.08 화요일

팔레 드 도쿄(Palais de Tokyo)

오늘은 아침부터 비가 내리기 시작한다. 아침 일을 다 끝낸 후 창문을 열어 놓고, 의자를 테라스 쪽으로 돌려 앉았다.
'음~ 비 냄새!! 비 내리는 파리의 풍경을 보니까 좋다 좋아.'

벌써 파리에 온 지 보름이 지났다.
보름이 지나는 동안 '파리'의 도시 분위기에 더 많이 적응한 것 같다.
조금씩 익숙해져서인지 시간이 점점 빠르게 흘러가는 것 같은 느낌이다.
비 오는 날은 더 센치해지는 법. 이런저런 생각을 하며 '밖에 나갈까?' 생각하다가 '에이, 비도 오는데 오늘은 쉬자!'라고 결론을 내렸는데, 자연스럽게 내 발걸음은 샤워실로 향하고 있었다.
'그래도 분위기 적응을 어느 정도 했으니 더 부지런히 돌아다녀 보자.'
파리에 대해 더 알고 싶은 마음에 비가 와도 나가 보기로 했다.

저번에 손님 중 한 분이 흑백의 '네 컷 즉석 사진'을 보여줬는데 너무 예뻐서 어디서 찍은 거냐고 물어봤었다.
"'팔레 드 도쿄'에 가면 찍을 수 있어요!"라는 말에 점 찍어 두었던 '팔레 드 도쿄'를 가보기로 했다. 팔레 드 도쿄에 전시된 작품들도 볼 수 있지만, 오늘의 목적은 흑백 사진이었기 때문에 전시실까지 들어가지는 않고, 사진 찍는 기계를 찾아 요리조리 눈을 돌렸다.

입구 쪽에 작은 부스처럼 놓여 있는 기계.

기계 안에서는 예쁜 네 명의 여학생들이 사진을 찍고 있었다. 그래서 기다리는 동안 서점 코너에 들어가서 기념품들을 구경하기로 했다. 책과 문구류를 구경하다가 직업병인 건지 동화책에 눈길이 가길래 팝업북으로 된 동화책을 열었다.

"오, 대박!" 동화책이 상상 이상의 팝업 책이라서 깜짝 놀랐다.

진열된 책들을 구경하다가 문득 사진 찍는 줄이 길어지기 전에 빨리 가봐야겠다는 생각이 들어서 나왔다.

아직도 기계 앞에 서 있는 네 명의 여학생들. 인화되는 사진을 기다리는 듯이 보였다. 의자에 앉아 있다가 학생들이 까르르 웃으며 건물 밖으로 나가는 것을 본 후 혼자 눈치를 보면서 쭈뼛쭈뼛 기계 앞으로 갔다.

3유로 투입. 카메라를 보는데 내 모습이 화면에 뜨지 않는다.

"내 모습이 어떤지 안 보여! 내가 찍히는 게 맞긴 한 거야?"

사진 찍히는 시간은 왜 이렇게 빠른 건지. 하나, 둘, 셋 찰칵찰칵찰칵찰칵! 망했다. 그래도 '혹시 느낌 있게 나오지 않았을까?'라는 생각으로 기대하면서 인화된 사진을 봤는데, 역시나 표정도 이상하고, 위치도 이상하다. 아쉬운 마음에 '다시 한번 찍을까?' 했지만, 차라리 3유로로 빵집 가서 맛있는 빵이나 사 먹어야겠다고 생각하며 빵 사 먹을 생각에 급 설렘을 가지고 건물 밖으로 나왔다.

'분명 손님 사진은 느낌 있고 예쁘게 나왔는데, 나는 왜 실패한 것인가. 다음번에 다시 한번 도전해봐야지.'

* 팔레 드 도쿄(Palais de Tokyo) *
13 Avenue du Président Wilson, 75116 Paris

흑백 사진 -3€
= 3€

Day. 17
08.09 수요일

메르시(Merci) ▶ 조르주 퐁피두 센터(Le Centre Pompidou) ▶ 마레 지구
(Explore the Marais) ▶ Le Petit Marche'(르 프티 마르세) ▶ 바스티유 광
장(Bastille Place)

책을 보며 가볼 곳을 계획해서 노트에 적어 놓았던 코스 중 하나를 실천
하기 위해 설레는 마음으로 숙소를 나왔다. '오늘도 알차게 보내리라!!'
결심을 하고 일정을 시작했지만, 역시나 예상치 못한 일들이 일어나는
오늘.
'메르시'는 처음에 입구를 찾지 못해서 헤매다가 우연스럽고도 뜬금없게
발견해서 들어갔다. 예쁘고, 다양하고, 독특한 물건들이 많기는 했지만
유명한 '메르시'를 내가 너무 많은 기대를 했던 건지 엄청난 특별함을 느
끼지는 못했다. 그리고 왜 한국 사람들이 '메르시 팔찌'를 이토록 원하는
지에 대해서는 더 모르겠다.

'메르시'를 나오니까 비가 보슬보슬 내린다. 우산을 쓰고 마레 지구 안에
있는 '퐁피두 센터'로 갔다.
"우와! 진짜 배수관이 건물 밖으로 나와 있네!"
'퐁피두 센터'를 보자마자 나왔던 탄성.
건물의 특이함을 보며 감탄하다가 광장을 봤는
데, 사람들이 서 있는 긴 줄을 보게 됐다. '설마'
했지만 역시나 이 긴 줄이 퐁피두 센터로 들어가
는 줄이었다. 한 시간이 걸릴 것 같은 줄이었는데

*메르시(Merci) *
111 Boulevard Beaumarchais,
75003 Paris

생각보다 금방 줄어들었다.

'와, 이 작품 참 특이하네.'

현대미술 작품들답게 재미있고, 난해한 그림들이 많았던 '퐁피두 센터'.

'뭐지?'라는 생각이 들기도 하는 작품들도 있고, 순간 당황하게 만드는
작품들도 있어서 신선하고 재미있게 감상할 수 있었다.

작품들을 다 본 후 센터에서 나와 '벤시몽'도 들어가 보고, '유니클로'도
들어가 보면서 돌아다녔다. 초콜릿 파는 가게도 들어갔는데, '벨기에'에
서 처음 먹어 보고 반한 '커피콩 초콜릿'을 파는 것이 아닌가! 보자마자
바로 내 간식거리로 구매했다.

* 조르주 퐁피두 센터(Le Centre Pompidou) *
Place Georges-Pompidou, 75004 Paris

'음, 이젠 우리 동네 중심가를 돌아다니는 느낌이네.'

혼자서 너무 잘 돌아다니는 것 같아서 나 자신에게 감탄했다.

저녁에는 오전에 미리 구한 동행을 만나러 '르 프티 마르셰'로 갔다. 약속한 음식점으로 걸어가는데, 예쁜 공원이 보였다. 오픈하는 시간까지 시간이 남았길래 공원 의자에 앉아 있다가 동행들을 만났다. 처음은 역시나 어색한 웃음과 인사로 "안녕하세요."

맛집으로 유명한 곳이기 때문에 고민 없이 동행들과 블로그에서 본 '오리고기'와 '바나나 구이', '송아지 요리', '와인 한 잔씩'을 시켰다.

맛집답게 음식들이 전부 맛있었다.

"저는 오늘 호텔에서 처음으로 나왔어요."

"네? 왜요?"

"아팠거든요. 집에 가고 싶어요."

"아이고, 몸이 아프면 안 되는데. 내일부터 조금씩 돌아다녀 봐요."

동행들과 음식을 먹으며 파리에 온 이유에 대해 이야기 나누고, 남은 여행을 응원하며 헤어졌다.

'퐁피두 센터' 야경까지 보고 싶었는데 바람이 많이 불고, 너무 춥길래 야경은 다음에 보기로 하고, 버스를 타기 위해서 부랴부랴 버스 정류장으로 갔다. 근데 와인을 마셔서 술기운이 올랐나. 숙소로 가는 길이 왜 이렇게 비몽사몽인 건지. 친구들과 동네에서 술 한 잔씩 하고 집에 가는 것 같은 느낌이 들었다.

오늘 하루는 낯선 듯 낯설지 않은 동네 같은 느낌을 받아서 나의 환경 적응력에 새삼 감탄했던 하루다.

'이렇게 점점 더 파리에 더 익숙해지는 거겠지!'

퐁피두 센터 입장료 -11€
기념품 -4.10€
공책-3.90€ 엽서 -3€
커피콩 초콜릿 -9.90€
저녁 -29€
= 60.9€

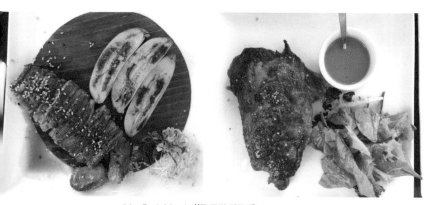

* Le Petit Marche'(르 프티 마르세) *
9rue de Beam. 75003

' Le Petit Marche'(르 프티 마르세) ' 근처에있는
' Square du Temple(시티)'공원

Day. 18
08.10 목요일

숙소 지키기

아침부터 비가 오고, 바람이 부는 쌀쌀한 날씨다. 돌아다니기에는 추운 날씨인 것 같아서 오늘은 숙소에서 쉬기로 했다.
숙소 수건들과 손님들이 부탁한 빨래를 하러 빨래방에 가서 빨래하고, 건조하고, 숙소를 청소하며 바쁘게 오전 일을 마무리했다. 한국이었으면 보일러 틀어 놓고 등 지지며 따끈하게 있었을 텐데, 여기는 나무로 된 마룻바닥이라 보일러가 없다. 그래서 손발이 너무 시리고 춥다.
'진정 이 날씨가 8월의 날씨란 말인가!'
파리의 8월이 이렇게 추운지 몰랐다. 그래도 침대에 누워서 이불 덮고, 따뜻하게 있으니까 포근하게 쉬는 느낌이 들어서 좋았다.
'내일은 어떤 날씨일지, 계속 이렇게 추워질 건가?'
조만간 옷을 하나 사야겠다. 긴 스웨터로. 추… 추… 추… 춥다.

저녁에는 손님분이 와인을 사 오셔서 같이 나눠 마셨다. '몸이 따뜻해지니 좋네.'

PS. 내 친구인 유진이가 10월에 파리에 온다는 기쁜 소식! 우리 숙소에서 묵을 예정.

물티슈 -2.03€

Day. 19
08.11 금요일

'박중건 집사님 댁' 만나기

오늘은 자녀들을 데리고 유럽 여행을 하고 계시는 '박중건 집사님'댁을 만나는 날이다. 설레는 마음으로 준비를 하고 숙소를 나왔다.
'샤요궁' 중간 지점에서 만난 박중건 집사님 댁.
"집사님!!"
얼마나 반갑던지. 교회에서 뵙던 집사님 댁을 파리에서 만났다는 게 신기하고, 믿기지 않았다. 항상 박중건 집사님 가족을 보면 '참 예쁘고 단란한 가족'이라는 느낌을 받는다. 단란한 가족을 보니까 우리 가족들이 생각나서 나도 모르게 눈물이 맺혔다. 내가 파리에서 지내고 있다는 것을 기억해 주시고, 만나주셔서 챙겨주시는 마음이 너무 감사했다.

따뜻함을 받고 온 느낌.
오랜만에 누군가를 만나러 가는 길이 설레었던 하루였다.
'감사합니다.'

Day. 20
08.12 토요일

해가 떴다가, 비가 왔다가, 구름이 껴서 흐리다가, 갑자기 또 언제 그랬
냐는 듯이 해가 떴다. 오늘 날씨처럼 내 기분도 오락가락한다.
숙소에 계속 있으면 우울할 것 같아서 걸어야겠다는 생각에 준비하고 '샤
를 미셸'역 근처로 갔다. '샤를 미셸 역' 근처에는 다양한 상점들이 있어서
걸으면서 여유롭게 쇼핑하기 좋은 곳이다.

비가 오면 우산을 쓰면서 걷고, 노래가 듣고 싶으면 이어폰 끼고 노래를
들으며 걸었다. 그렇게 길을 걷다가 'BEAUGRENELLE' 백화점에 들어
갔는데, 한국의 '타임스퀘어' 같은 느낌이 나서 뭔가 반가웠다.
나온 김에 파리의 쌀쌀한 날씨 때문에 옷을 사려고 했는데, 여기저기 둘
러보다가 마음에 드는 옷이 없어서 옷 대신 디저트를 샀다.
'역시 우울할 땐 맛있는 거 먹는 게 최고지!'
직원에게 추천받은 디저트를 사고, 룰루랄라 노래를 부르며 기분 좋게
숙소로 와서 사장님, 스텝 동생과 나눠 먹었다.
'파리의 디저트는 정말 맛있다.'

LA PATISSERIE
DES REVES
- 14.70€
= 14.70€

* LA PATISSERIE DES REVES *
Centre Beaugrenelle, 12 Rue Linois, 75015 Paris

* BEAUGRENELLE' 백화점 *
12 Rue Linois, 75015 Paris

Day. 21
08.13 일요일

노트르담 대성당(Cathedral of Notre-Dame de Paris) ▶ 생루이 다리(Pont Saint-Louis) ▶ 생루이 엉 릴 거리 ▶ cafe de'l empire

날씨가 좋길래 짜 놓았던 코스 중 하나를 실천하기로 했다.
'오늘은 일요일이니까 노트르담 대성당이 들어있는 코스로!'
버스를 타고 가면서 창밖으로 보이는 파리의 주말 모습을 구경했다.
'하늘도 예쁘고, 건물들도 예쁘고, 나무도 예쁘고, 다 예쁘네!'
현지인들과 관광객들이 뒤섞인 북적거림 속에서도 평화롭고 여유로운 파리의 주말이 느껴졌다.

'노트르담 대성당'은 너무나도 유명한 관광지이기도 하고, 주말이라 들어가는 줄이 길 줄 알았는데 의외로 짧았다.
'나이스 타이밍!!' 20분 정도의 기다림 끝에 노트르담 대성당에 입장.
장엄한 분위기 속에서 예쁜 스테인드글라스 창문들을 관찰했다.
'대성당에 관한 정보를 더 많이 알고 왔으면 좋았을 텐데.'
섬세하게 조각된 조각품들이 많이 보여서 조각품마다 숨겨져 있는 의미들이 궁금했다.

대성당을 나와 뒤쪽으로 가다 보니 공원이 보여서 들어갔다. 공원으로 들어가면 '노트르담 대성당'의 뒷모습이 보인다.
'공원에서 보는 노트르담 대성당은 또 다른 모습이구나!!'
그늘 밑에 있는 의자에 앉아서 앞에서 보는 모습과 전혀 다른 '노트르담

* 노트르담 대성당(Cathedral of Notre-Dame de Paris) *
6 Parvis Notre-Dame, Place Jean-Paul II, 75004 Paris

대성당'의 모습을 보며 감탄하고 있었다. 그런데 갑자기 한 여성이 종이를 낀 판을 들고 나에게 온다.

'이거 왠지 불안한데.'

아니나 다를까 판을 내밀면서 사인을 해달라고 한다. 내 옆으로 너무 달라붙길래 소매치기를 당할 거 같아서 가방을 꽉 잡고 "NO!"라고 말했다. 저쪽에서 사인 단 한 명이 더 온다. 내가 더 강력하게 "NO!"라고 말하니까 갑자기 사인 단 중 한 명이 판으로 내 얼굴을 정면으로 치면서 뭐라 뭐라 말한다.

'이건 무슨 상황이며 무슨 행동이지…?'

기분이 너무 나빠서 욕을 했더니 둘이 웃으면서 다른 곳으로 갔다.

'하… 여자 혼자 있으니까 만만하게 보는구나.'

열 받아 있는데 이번에는 판을 들고 있는 남자가 내 옆에 착 붙어 앉아서 사인해 달라고 한다. 너무 화가 나서 "NO! Don't touch me!"라고 말하며 팍 일어섰다.

'하… 정말 하소연할 사람도 없고 서럽네.'

여기는 혼자 오지 말아야겠다고 생각했다. 말이 통하지 않는 상황에서 혼자 화를 어떻게 풀어야 할지 몰라 한참 동안 욕을 하면서 돌아다녔다.

'후… 그래도 계획했던 생루이 섬에는 가봐야지.'

오늘 계획했던 코스를 다 가보기 위해서 한숨을 크게 쉬며 마음을 가다듬고 '생루이 섬'으로 갔다. 예전에 부자들이 많았던 '부유층 마을'이라고 하는데, 어떤 모습일지 궁금했다. '생루이 섬'에 가기 위해서는 '생루이 다리'를 건너야 해서 다리 근처로 갔더니 다리 위에서 공연하는 사람들이 있었다.

'오호, 파리에서 길거리 공연이라!'

* 생루이 다리(Pont Saint-Louis) *
Île Saint-Louis, 75004 Paris

정장을 차려입은 사람들이 롤러블레이드를 신고 음악에 맞춰 콘을 피하면서 공연을 하고 있었다. 처음 보는 '롤러블레이드 공연'에 관심이 확 쏠렸다.

'뭐야, 너무 멋있잖아!'

특히 정장 입고, 지팡이 들고, 롤러블레이드 타는 할아버지의 모습이 너무 멋있으셨다. 공연을 재밌게 보다 보니 저절로 기분이 다시 좋아지는 것 같았다.

팁을 주고 싶어서 두리번거렸는데, 팁 바구니가 공연하는 곳 정중앙에 있었다. 팁을 주러 가면 나에게 모든 사람들의 시선이 집중될 것 같아서 쑥스러움에 용기가 나지 않아 박수만 크게 치다가 다리를 건너 생루이 섬으로 갔다.

'다음번에 또 만나게 된다면 그때는 용기 내서 두 배로 팁 드릴게요!'

부자 동네라고 해서 막 화려할 줄 알았는데, 오히려 더 앤티크하고 다른 거리 보다 더 정돈된 느낌이었다. 섬 안에 있는 '생루이 엉 릴 거리'를 돌아다니다가 에펠탑이 달린 귀여운 팔찌를 사고 다시 다리를 건너서 '생루이 섬'을 나왔다.

'벌써 계획했던 장소를 다 가봤네.' 오늘 계획했던 장소를 다 가본 후 숙소로 가다가 길에 조그맣고 예쁜 크레프 집을 발견했다. 많이 걸어 다녀서 그런지 배가 출출하기도 하고, 단 음식이 먹고 싶어서 '바나나 크레프'와 '아메리카노'를 시켜서 먹었다.

그리고 오늘 이 가게에서 두 번째로 현지인에게 불어를 쓸 수 있는 기회가 왔다. 화장실이 가고 싶어서 크레프를 다 먹고 'Ou sont les toilettes(우쏭레 뚜왈레)?' 라고 말하자 손가락으로 화장실을 알려줬다. '크으… 불어로 말이 통했어. 뿌듯해.'

날씨 좋은 날, 여유롭게 노트르담 대성당과 길거리 공연도 보고, 다리 밑에서 재즈 음악에 맞춰 춤을 추는 사람들도 보면서 파리의 주말을 가득 느낄 수 있었던 하루였다.

'생루이 섬아, 다음에 한 번 더 아니 자주 보러 갈게.'

노트르담 기념품
- 32€(8€x4)
팔찌 -8€ , 술 -4€
저녁 -10.90€
크레프 -10.10€
= 65€

초코&바나나 크레프와 아메리카노

Day. 22
08.14 월요일

마르스 광장 산책(Champ de Mars)

날씨 좋은 오늘.
맑은 하늘과 에펠탑이 보고 싶어서 '마르스 광장'으로 산책을 갔다 왔다.
'날씨가 좋아서인지 파리가 더 평화롭게 느껴지는구나.'

맑은 날씨, 멋진 건물, 이웃과 이야기를 나누는 사람들

Day. 23
08.15 화요일

생미셸 광장(Place Saint-Michel) ▶ 말롱고(Malongo)
▶ 레 부키니스트(Les Bouquinistes)

오늘 파리의 날씨는 비가 왔다 안 왔다 하는 오락가락한 날씨다.
어제 손님들과 늦은 시간에 와인을 마셔서 피곤하길래 낮잠을 잤더니 준
비가 늦어졌다. 관광지에 가기에는 늦은 시간이라 오늘은 관광지를 가보
기보다는 유명한 체인점 커피숍인 '말롱고'를 동행으로 알게 된 유학생
동생과 가보기로 했다.
'음, 30분 정도 남았네.'
약속 시간보다 일찍 도착했길래 '말롱고' 근처를 둘러보기로 했다. 거리
를 돌아다니니까 '크레프' 전문점 가게들이 많이 있는걸 볼 수 있었다.
'다음에는 커피 마시러 올 때 크레프도 먹어봐야겠다!'

그리고 '광복절'인 오늘, 프랑스는 '성모승천일' 날이라서 파리도 '국경
일'이다. 그래서 '말롱고' 근처에 있는 '생미셸 광장' 앞에는 사람들이 예
배드리는 모습을 볼 수 있었는데, 아무것도 깔지 않은 광장에서 무릎을
꿇고 예배를 드리는 사람들의 모습들이 인상 깊었다.

* 생미셸 광장*
(Place Saint-Michel)

시간이 되어 동행과 '말롱고'로 갔다. 어이쿠, 불어로만 쓰여있는 메뉴판.
바리스타 교육을 철저히 하는 곳이라고 해서 커피를 마셔보고 싶었는
데 핫초코가 나왔다. 오늘 '말롱고'에서 커피 주문하기는 실패.
'난 분명히 커피를 시킨 거 같은데 왜 핫초코가 나왔지….'
아쉬웠지만 핫초코도 맛있어서 동생과 이런저런 이야기를 나누며 기분
좋게 마시고 나왔다.
'다음번에는 꼭 바리스타가 내려준 커피를 마셔봐야지!'

커피 대신 나온 '핫초코'

핫초코 -4.50€
파스타, 모히또
-22.50€
= 27€

* 말롱고(Malongo) *
50 Rue Saint-Andre des Arts 75006

Day. 24
08.16 수요일

북바인더스 디자인(Bookbinders Design) ▶ 뤽상부르 공원(Jardin du
Luxembourg) ▶ MAISON GEORGES LARNICOL(마카롱) ▶ 셰익스피어
앤드 컴퍼니(Shakespeare and Company)

'날씨가 좋으니까 공원을 가볼까!!'
오늘은 그 유명한 '뤽상부르 공원'을 가보기로 했다.
설레는 마음으로 숙소에서 나와서 파리에 유명한 디자인 숍이 공원 가는
길에 있다길래 '북바인더스 디자인'이라는 곳을 먼저 들렀다 가기로 했다.
딱 '깔끔하고, 심플하다'라는 말이 생각나는 곳. 여기서 나만의 공책도
만들 수 있다고 했던 것 같다. 공책들과 디자인 물건들이 색깔별로 깔끔
하게 진열되어 있어서 아기자기한 느낌보다는 심플하고, 정결한 느낌이
드는 디자인 숍이었다.

디자인 숍을 나와서 다시 공원으로 가는데, 공원에 커피를 사 들고 가고
싶은 마음이 들었다. 그래서 길을 걷다가 주변에 보이는 카페로 들어갔
다. 어떤 커피를 시킬지 메뉴판을 보는데 메뉴판이 얼마나 귀엽던지.
'으악 너무 귀여워!'
지금까지 내가 가 본 카페 메뉴판 중 제일 귀여웠다.
카페라떼를 시키고 기다리는 동안 너무 귀여운 메뉴판을 찍고 있었다.
메뉴판을 찍는 내 모습이 신기했는지 직원이 웃으면서 커피를 건네주길
래 민망한 웃음으로 "Merci"라고 말하며 커피를 들고나왔다.

* Bagelstein *
55 avenue Marceau 75116 Paris

– 너무 귀여웠던 메뉴판.

드디어 '뤽상부르 공원'에 도착.

공원에 들어가자마자 '언터처블' 영화의 한 장면처럼 할아버지와 흑인 청년이 앉아서 쉬는 모습을 볼 수 있었다.

"와, 너무 예쁘다."

감탄하며 공원 안으로 더 걸어 들어갔다.

날씨도 좋았지만, 나무들과 꽃, 분수대, 그늘에 놓여있는 의자들, 그 의자에 앉아서 휴식을 취하는 사람들의 모습이 예쁘고, 평화롭게 느껴졌다. 커피를 마시면서 의자에 앉아 있는 동안 '예쁘다'라는 말과 함께 감탄만 나왔다.

원래는 책을 읽으려고 한국에서 가져온 책 한 권을 가지고 왔는데, 파리 사람들은 공원에서 어떤 모습으로 쉬는지 보고 싶어서 사람들의 모습을 관찰하기 시작했다.

의자에 앉아 책을 보는 사람, 겹친 의자에 누워서 일광욕하는 사람, 윗옷을 벗고 쉬는 사람, 연인끼리 점심을 먹는 사람들. 분수대에서는 아이들이 배를 띄우고 있었다. 여유롭고 평화로운 분위기와 예쁜 공원의 모습까지 더해지니 저절로 기분이 좋아졌다.

가족끼리 파리 여행을 온다면 꼭 같이 오고 싶은 '1순위 장소'가 될 것 같다.

'날씨 좋은 날에 자주 와야지!'

뤽상부르 공원에서 나와 숙소에 가기 전에 '셰익스피어 앤드 컴퍼니'도 잠깐 들렀다가 가기로 했다. 그 시대에 멈춰있는 듯이 앤티크 하면서 그 시대만의 느낌이 풍겨 나왔다. '헤밍웨이'가 실제로 즐겨 찾던 서점이라는 생각을 하니까 신기했다. 들어가서 서점의 내부와 책들을 구경한 후 컴퍼니 앞에서 인증사진을 찍었다. 한국 사람들이 에코백을 많이 사 가는 것을 보니까 '셰익스피어 앤드 컴퍼니'가 쓰여 있는 에코백이 유명한가 보다. 나도 에코백에 혹했지만 '다시 한번 생각해보자'며 나 자신을 다독이고 나왔다. '오늘 하루도 알차게 보냈네. 뤽상부르 공원아, 자주 보자!'

* 북바인더스 디자인(Bookbinders Design) *
130 rue du bac, 75007 paris

* MAISON GEORGES LARNICOL(마카롱) *
132 bd de saint germain -paris 6

커피 -3.20€
마카롱 -7€
= 10.20€

* 셰익스피어 앤드 컴퍼니(Shakespeare and Company) *
37 Rue de la Bucherie

* 뤽상부르 공원(Jardin du Luxembourg) *
Blvd. Saint-Michel, Paris

- 의자에 앉아서 본 '뤽상부르 공원'의 풍경.

Day. 25
08.17 목요일

우체국(La posre) ▶ 한인 마트(K-mart)

가족들에게 엽서를 보내고 싶어서 엽서에 붙일 우표를 사기 위해 처음으로 우체국을 가봤다. 입구에 서 있는 안전 요원에게 "Can i buy stamps?"라고 물으니까 시크하게 손가락으로 기계를 가리킨다.
쭈뼛거리며 기계 앞에 섰지만, 기계치인 나는 뭘 어떻게 하라는 건지 도통 알 수가 없었다. 고민하다가 직원 창고 앞에 사람들이 서 있는 긴 줄을 따라 뒤로 가서 줄을 섰다.

드디어 내 차례가 되고, 직원에게 "Can i buy stamps?"라고 물었다. "Where?" "Korea!"라고 말하자 우표책 같은 것을 막 넘기는 직원. "'How much?" "Ten" '후… 불어로 물어봐 주지 않아서 다행이야.'
직원이 우표를 세더니 영어로 뭐라고 말하면서 기계 쪽으로 갔다. 내가 알아듣기로는 우표 개수가 모자라서 기계로 사야 한다고 하는 것 같았다.
'기나긴 줄을 서서 기다렸는데 결국 우표를 기계로 사다니…!'
그래도 처음으로 파리에서 우표도 사보는 재밌는 경험이었다.

'이제 엽서를 써서 한국으로 보내는 일만 남았네!'

* LA POST (우체국)*

'생닭'을 사 오라는 사장님의 심부름을 하러 우체국을 나와서 버스를 타고 오페라 근처에 있는 '한인 마트'로 갔다.

'확실히 중국 마트보다 비싸구나.'

중국 마트보다 물건들의 가격이 대부분 조금씩 더 비쌌다. 커피 진열대를 보다가 맥심 발견. 근데 맥심 20개짜리 1박스가 거의 8000원이다.

'아, 이럴 줄 알았으면 한국에서 맥심 좀 많이 사 올걸.'

아쉽지만 너무 비싼 거 같아서 포장된 생닭만 사서 나왔다.

'달달한 커피 마시고 싶으면 맥심이 딱인데…!'

오늘따라 맥심이 너무 마시고 싶다.

* 한인마트(K-mart) *
8 rue sainte-anne, 75001 paris

우표 -3.50€
닭 -2€
= 5.50€

Day. 26
08.18 금요일

Bouhgerie Patisserie BECHU (카페) ▶ 우체국(La posre)

오후 3시쯤, 비가 내리는 모습을 보며 의자에 앉아서 '오늘은 뭐를 할까.' 생각하다가 비 오는 풍경의 운치도 느낄 겸 카페 테라스에 앉아서 가족들에게 보낼 엽서를 쓰기로 했다.

이렇게 오늘은 우산을 들고 외출.
사람들이 많이 없는 카페를 찾기 위해서 '샤요궁'을 지나서 뒤 쪽 골목길로 걸었다. 적당한 위치의 테라스에 사람도 많이 없는 카페가 보이길래 'BECHU'라는 이름을 가진 카페로 들어갔다.
'빵'과 '에스프레소'를 시킨 후 테라스에 자리를 잡고 앉았다.
사실 아메리카노를 마시고 싶었지만, 메뉴에 아메리카노가 없길래 에스프레소를 시켰는데, 아메리카노를 마시고 싶으면 '카페 알롱제(Cafe Allonge)'를 시키면 된다는 것을 알게 되었다.

* Bouhgerie Patisserie BECHU (카페) *
118 avenue Victor Hugo,
75116 Paris

커피를 마시면서 문장 한 줄 쓰고, 지나가는 사람들 보며 문장 한 줄 쓰고, 옆에 사람들은 어떤 것을 마시나 구경하다가 문장 한 줄 쓰고, 맞은편 가게 안에 있는 사람들은 무엇을 하고 있나 구경하다가 문장 한 줄 쓰고. 주변에 외국 사람들만 보이니까 진짜로 '파리지엔느'가 된 것 같은 기분이 들어서 좋았다.

엽서를 다 쓰고, 풀로 우표를 붙인 후 엽서를 우체통에 넣기 위해 다시 우체국으로 갔다. 우리 집까지 잘 도착할까, 불안하다.

'제발, 엽서들이 미아가 되지 않게 해 주세요!!'

커피, 빵 -6.20€
햄버거 -6.50€
= 12.70€

Day. 27
08.19 토요일

상 드 마르스 공원(Champ de Mars) ▶ 스타벅스(Starbucks)

친척 언니 결혼식 날.
파리에서 생활하고 있는 나는 결혼식에 참석하지 못했지만, 언니에게 특별한 기억을 남겨 주고 싶었다. 그래서 결혼을 축하한다는 메시지를 써서 '에펠탑'과 함께 사진을 찍어 보내기로 했다.

온종일 날씨가 흐리고 비가 왔는데, 갑자기 맑아지면서 해가 쨍쨍 찌길래 급하게 나가서 메시지와 에펠탑을 같이 찍어서 언니에게 전송했다. 한국 시각으로는 이미 결혼식이 끝나고 신혼여행을 가고 있을 시간이라 아직 '1'이 사라지지는 않았지만 빨리 내가 보낸 사진을 보고 답이 왔으면 좋겠다.
갑자기 좋아진 날씨를 보니까 숙소로 바로 들어가기에는 뭔가 아쉬운 마음이 들길래 커피를 마시러 스타벅스로 갔다. 오늘도 내가 원하는 메뉴 주문하기는 실패.

'나는 분명 달콤한 라떼 종류로 시킨 것 같은데, 뭔가 써….'
파리에서 내가 마시고 싶은 커피 주문하는 게 제일 어렵다.

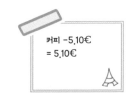

커피 -5,10€
= 5,10€

숙소 지키기

오늘은 외출하지 않고, 숙소에서 쉬었다.
숙소에 있는 손님들과 이런저런 이야기도 나누고, 기념품 산 것들을 구
경하다가 괜찮은 기념품은 나도 사가기 위해서 메모를 했다.

침대에 누워서 뒹굴뒹굴하다 보니 벌써 저녁이 되었다. 관광을 하고 숙
소로 돌아온 손님들이 와인을 한 병씩 사서 왔다.
신기하게 '부르고뉴(BOURGOGNE)' 와인들을 사 왔는데, 종류가 다 달
랐다.
'와인이 있으니 맛을 봐야지.' 이렇게 오늘 저녁에는 손님들과 파리 여행
이 마지막 날인 사람들을 위한 '와인 파티'를 열었다.
덕분에 '부르고뉴 와인'을 다양하게 마셔 볼 수 있었다. 와인을 마시면서
사람들과 다양한 이야기를 나눌 수 있는 이 시간이 행복하다.

Day. 29
08.21 월요일

숙소 지키기

오늘은 오전에 체크아웃하는 손님들이 많아서 바빴다.
아침밥 차려주고, 청소하고, 손님이 빨래를 건조하길 원해서 빨래방에 같이 갔다 오고, 체크인하는 손님들 체크인까지.

오후에는 엄마와 같이 온 모녀팀이 라면을 끓여 달라고 주문하셨다. 손님들 입장에서는 밥 한 끼로 라면을 먹는 입장이기 때문에 맛있게 끓여 드리고 싶었다. 그래서 선반을 뒤적이며 찾은 '뚝배기 그릇'.
'그래, 너가 딱이다!'
뚝배기 그릇에 물을 넣고 끓인 후 면과 수프를 넣고, 지글 보글 끓을 때 파 송송 썰어 넣고 달걀까지 탁.
정성 들여 끓인 후 우리가 담근 김치까지 준비해 주면 완성이다. 냉장고를 열어 보니 과일이 있길래 후식으로 과일도 깎아 주었다. 끓인 라면을 들고 식탁으로 왔더니 '우와~'라는 감탄사와 함께 감사하다고 표현해 주셨다. 감사하다는 말을 들으니 뿌듯했다.
아침부터 바쁜 하루였지만 바쁘게 움직이다 보니 뭔가 하루를 알차게 보낸 느낌이 들어서 좋았다.

Day. 30 한달 :)
08.22 화요일

숙소 지키기 ▶ 중국 마트(Tang Freres)

드디어 파리에 온 지 30일!! '한 달'이 되었다.
한 달이 되었다고 축하해 주는 건지, 정말 바쁜 하루를 보냈다.

오전에는 숙소 정리를 하고, 오후에는 사장님과 스텝 동생이랑 '중국 마
트'에서 김장할 재료들을 사 왔다. 스텝 동생과 배추를 잘라 소금에 절여
놓고 나니 벌써 저녁 먹을 시간.

어제는 체크아웃하는 손님들이 많아서 오늘은 체크인하는 손님들이 많
았다. 배추 절이는 일을 하는 중간중간 체크인까지 하다 보니 하루가 금
방 갔다.
'스텝 일하면서 제일 바빴던 하루였던 것 같네.'
기분 좋은 피곤함으로 하루를 마무리했다.
파리에 와서 '한 달 후엔 내가 어떤 모습으로 지내고 있을까?' 궁금했는
데, 이렇게 나의 '파리에서의 생활' 30일째가 지나간다.

* 중국 마트(Tang Freres) *
168 Avenue de Choisy, 75013 Paris

Day. 31
08.23 수요일 ☀

숙소 지키기 & '스트라스부르(Strasbourg)' 여행 계획 짜기

새벽에 잠을 설쳤더니 어제 바쁘게 일하면서 쌓인 피곤함이 합해졌는지 아침부터 너무 피곤했다.

'오늘은 오전 일 마치고, 낮잠 좀 자야겠다.'

오전 일을 끝내고 폭신한 이불 속에서 2시간 정도 자고 일어났더니 주방에서 '치이이이-' 하는 소리와 함께 접시들의 달그락거리는 소리가 들렸다. 주방으로 가보니 저녁으로 스테이크를 준비해 주시고 계시는 사장님.

'우와 스테이크라니…!' 생각지도 못한 저녁 메뉴에 신이 났다.

오랜만에 먹었더니 정말 맛있었던 스테이크.

저번 주에 사장님께서 숙소가 비성수기인 기간에 '1박 2일'의 휴가를 주겠다고 하셨다. 어디로 갈지 고민을 하다가 스텝 동생은 '니스'를 갔다 오기로 했고, 나는 파리 근교인 '스트라스부르'로 여행을 갔다 오기로 했다. 그래서 저녁을 먹은 후 스트라스부르 여행 계획을 짜기 시작했다. 스트라스부르에 대한 정보를 모으면서 여행 계획을 세우다 보니 여행 갈 생각에 벌써 신이 났다.

그리고 오랜만에 여행자로 돌아가려니까 설렌다.

Day. 32
08.24 목요일

스타벅스(Starbucks) ▶ '스트라스부르(Strasbourg)' 로 가는 기차 예약하기

스트라스부르로 가는데 필요한 결제를 시작했다. 기차표가 없으면 모든 것이 무산되기 때문에 가장 먼저 스트라스부르로 가는 왕복 기찻값을 계산했다. 그리고 1박이 가능한 호스텔을 알아본 후 예약을 했다.
조금씩 틀이 잡히기 시작하는 스트라스부르 여행. 내일부터는 바로 짐을 싸야 한다.

YOUR E-TICKET

| PARIS EST > STRASBOURG | | 45,00 EUR |

Surname: **PARK**	**REFERENCE NUMBER:**	SXLDVH
First Name: **YOOJUNG**	Customer reference number:	0029090164210936278
Passenger: ADULTE	No. e-ticket:	710075564

Reinforced security in stations: Identity and luggage checks are implemented on certain lines, please remember to travel with a valid identity document. It may take longer to access platforms due to these measures, therefore we advise you to take this into account in your travel time.

Departure / Arrival	Date / Time	INTERCITES ECO	INTERCITES 100% éco : Tarif exclusif internet ! - Ticket may not be changed nor refunded.
PARIS EST	26/08 at 08:21	**TRAIN NUMBER 1001** COACH 11 - SEAT 083 1. CLASS	
STRASBOURG	26/08 at 12:46		

Please arrive at the indicated departure platform at least 2 minutes prior to departure.

파리 ⟨-⟩ 스트라스부르 기차표

커피 -9€
기차 -90€
= 99€

Day. 33
08.25 금요일

이사 짐 나르기 ▶ 까르푸(Carrefour) ▶ '스트라스부르(Strasbourg)' 갈 준비하기

오늘은 다른 지점의 숙소가 이사를 해서 도와주러 가는 날이다.
아침부터 우중충하고 비가 쏟아져서 걱정했는데, 이삿짐을 옮기려고 할 때는 가랑비처럼 비가 잦아들었다. 짐을 옮기려고 숙소에 갔는데, 엘리베이터가 없었다.
'그래, 파리는 엘리베이터가 없는 건물이 많으니까…!'
이 층이라 그나마 다행이라고 생각했다.

짐들을 들고 계단을 오르락내리락. 처음에는 '해보자!'라는 생각으로 짐을 옮기기 시작했는데, 계속 반복하다 보니까 점점 화가 나면서 짜증이 나기 시작했다.
'짐 나르는 사람을 더 부르면 되지 왜 한 명만 불렀을까?'
'나한테 인건비는 주시는 건가?' '왜 엘리베이터가 없는 거야!!'
비는 오고, 엘리베이터는 없고, 힘은 들고, 중간에 체크인과 체크 아웃을 하는 손님들이 있어서 숙소를 왔다 갔다 했다. 내일은 '스트라스부르'를 가는 날이라 준비도 해야 하는데, 이사가 생각보다 더 늦은 시간에 끝났다. 이사를 마치자마자 급하게 '까르푸'에서 간식을 사고, 스텝 동생에게 빌린 미니 캐리어에 부랴부랴 짐을 쌌다.
'너무 힘든 하루였어. 내일 일어나면 분명히 팔에 알이 배어 있을 거야.'

> 물 -0.5€, 과자 -1.5€
> 납작 복숭아 -1.31€
> = 3.31€

파리근교 여행

스트라스부르

Strasbourg

Day. 34 in 스트라스부르(Strasbourg)
08.26 토요일

스트라스부르 역(Gare de Strasbourg) ▶ 숙소 체크인: 시아루스(Ciarus) ▶ 점심(햄버거) ▶ 짐 정리 ▶ 쁘띠 프랑스(Petit France) ▶ 바토라마(BATORAMA) ▶ 스트라스부르 대성당(Cathédrale Notre Dame de Strasbourg) & 레이져쇼 ▶ 숙소

드디어 1박 2일간의 '스트라스부르' 여행 시작.

기차역(EST 역)으로 가기 위해서 아침 7시에 캐리어를 끌고 숙소를 나왔다. 내가 타는 기차는 'Intercites ECO'. TGV(떼제베)보다 시간이 두 배로 걸리는 기차지만 그만큼 기차표가 싸기 때문에 시간상으로 여유가 있는 나는 '돈'보다 '시간'을 선택했다.

기차에 타서 예매한 좌석을 찾는데, 내가 예매한 '1인석 창가 자리'가 아닌 마주 보는 '4인석 복도 쪽 자리'로 되어 있었다.

'어, 이거 내가 예약한 좌석이랑 완전 다른데?'

사이트에 나와 있는 좌석 위치와 달라서 매우 당황했다. 언어 소통도 잘 안 되고, 여행이 순조롭기만 할 순 없으니 이것도 추억 중 하나라고 생각하며 '4인 복도 쪽 자리'에 앉았다.

어제 산 간식을 앉아서 야금야금 먹으며 가는데 모르는 사람과 마주 보면서 가니까 눈을 어디에다 둬야 할지 모르겠어서 너무 어색했다.

'내가 편하게 풍경 보면서 가려고 1인석을 예매했던 건데…!'

4시간 30분 만에 스트라스부르에 도착.

기차에서 내리자마자 '24시간' 쓸 수 있는 교통권을 끊고 역 밖으로 나왔다. '꽃보다 할배'에서 봤던 우주선 모양의 특이한 역 건물에서 인증사진

* 스트라스부르 역 (Gare de Strasbourg) *

스트라스부르 24시간 교통권

바토라마 티켓

을 찍은 후 체크인을 하기 위해서 버스를 타고 예약한 호스텔로 이동했다. 교통권 첫 개시!

'여기는 파리보다 날씨가 더 덥구나.'

정류장에 내려서 숙소까지 걸어가는데, 땀이 삐질삐질 나기 시작한다.

내가 묵을 호스텔은 '시아루스'. 평점이 좋길래 예약한 호스텔이다. 호스텔 카운터에서 체크인을 하고, 침대 자리는 '랜덤'이라길래 방에 들어가자마자 외국인들의 눈치를 보며 살포시 위치 좋은 침대에 가디건을 올려놓고 짐을 풀었다.

짐을 푼 후 바로 '쁘띠 프랑스'로 갔다.

'내가 쁘띠 프랑스의 원조를 직접 볼 줄이야!'

한국에서 많이 듣던 '쁘띠 프랑스'를 직접 볼 생각에 설레였다.

* 쁘띠 프랑스(La Petite France) *
67000 Strasbourg

집들도 예쁘고, 꽃들도 많고, 운하에 떠다니는 유람선들도 많아서 파리와 다르게 아기자기한 느낌이 많이 났다. 골목길을 돌아다니면서 사진을 찍으며 쁘띠 프랑스의 모습을 구경한 후, 바토라마를 타면 '유럽 의회 본부(EP)'를 볼 수 있다고 했기 때문에 선착장으로 가서 바토라마를 예약했다.

'하이고, 너무 덥다.' 날씨가 너무 더워서 스타벅스에서 커피를 마시며 정신을 잠깐 놓은 채로 쉬었다. 시계를 보는데 어느새 예약 시간이 다 되었다. 부랴부랴 선착장으로 뛰기 시작했다. 다행히 1분 전에 선착장에 도착.

'후, 하마터면 놓칠뻔했어.'
의자에 앉아서 이어폰을 귀에 꼈더니 운하를 돌면서 스트라스부르에 대해 소개해 주는 한국어 가이드가 나왔다.

드디어 보고 싶었던 '유럽 의회 본부' 근처에 도착.

'우와, 이곳이 훌륭하신 분들이 모여서 회의하는 곳이구나.'

스트라스부르는 유럽 의회 본부가 있어서 '유럽의 중심지'라고도 부르는 곳이다. 아빠한테 보여주고 싶어서 핸드폰으로 '찰칵찰칵' 찍었다.

바토라마에서 내린 후 '스트라스부르 대성당'을 보기 위해 부랴부랴 '스트라스부르 대성당' 쪽으로 발걸음을 옮겼다.

'이렇게 성당 느낌이 다를 수 있다니.'

'스트라스부르 대성당'은 파리에 있는 '노트르담 대성당'보다 훨씬 컸고, 웅장했다. 가까이 가서 보면 정말 돌로 레이스를 짠 것처럼 섬세했다. 너무 커서 사진을 찍으려면 납작하게 앉아서 찍어야 그나마 대성당의 전체 모습이 나온다. 뭔가 모를 포스가 느껴지는 '스트라스부르 대성당'. 대성당 근처 식당에서 저녁을 먹고 숙소로 가려고 하는데, 사람들이 갑자기 한 곳에 모이기 시작한다.

'뭐야, 뭐야?' 궁금해서 사람들이 모여있는 곳으로 갔더니 레이저 쇼를 한다는 플래카드가 걸려 있었다.

'이런 기회를 놓칠 수 없지!!'

광장에 앉아서 기다리다가 레이저 쇼를 봤다. '어떻게 레이저 쇼도 대성당처럼 섬세하다는 느낌을 받을 수 있을까?' 정말 멋있었다. 혼자 보기 아까운 장관이라서 그런가 레이저 쇼를 보면서 가족 생각이 많이 났다.

어느새 끝나버린 레이저 쇼.

레이저 쇼가 끝나고 시간을 보니 오후 11시가 넘어가고 있길래 빠른 걸음걸이로 씩씩하게 걸으며 숙소로 왔다.

* 스트라스부르 대성당 레이져 쇼 *
(Cathédrale Notre Dame de Strasbourg)

스트라스부르는 도시 자체가 너무 예쁘고 평화로워 보여서 '참 예쁜 도시다.'라고 생각했었는데, 자료를 찾아보니 독일 영토였다가, 프랑스 영토였다가를 반복한 곳이라 '아픈 역사'가 있는 도시라고 한다.

'스트라스부르는 아픈 역사가 있었다는 것도 모를 정도로 예쁘고 반짝이는 도시구나.'

길을 걷다가 발견한 예쁜 '회전목마'

Day. 35 in 스트라스부르(Strasbourg)
08.27 일요일

조식 ▶ 스트라스부르 대성당(Cathédrale Notre Dame de Strasbourg) ▶
전망대 ▶ 쁘띠 프랑스(Petit France) ▶ 체크아웃 ▶ 스트라스부르 역(Gare
de Strasbourg)

숙소가 좀 더운 것 같아서 잠을 설칠 줄 알았는데, 의외로 한 번도 깨지
않고 푹 잤다. 어제 체크인할 때 저렴한 가격에 조식을 신청할 수 있다는
문구를 봐서 외출할 준비를 마치고 조식을 신청하러 엘리베이터를 탔다.
2층에서 엘리베이터가 멈추더니 워크숍을 하러 왔는지 사원증 같은 목걸
이를 걸고 파일을 든 사람들이 갑자기 많이 탔다.
'스트라스부르에서 워크숍이라, 부럽다.'

데스크에서 조식을 신청하고 조식 먹을 생각에 기쁜 마음으로 음식들이
진열된 곳으로 갔더니 직원이 카페로 가라고 한다.
'식권을 들고 왜 카페로 가라고 하는 거지?'
뭔가 내가 생각했던 것과 다를 것 같다는 느낌을 가지고 카페로 가서 직
원에게 식권을 줬다. 식권을 확인하더니 접시를 꺼내서 빵 두 개와 쨈,
버터, 커피를 담아 준다.
'응…? 끝? 그럼 난 저 음식들은 못 먹는 건가? 종류도 많고 과일들도 많
던데.' 실망한 마음으로 의자에 앉아서 먹는데, 빵은 또 왜 이렇게 딱딱
한 건지.
'차라리 마트에 가서 사다 먹는 게 훨씬 나았을걸.'
식당에 진열된 음식들은 눈으로만 바라본 체 입천장을 까지게 만드는 빵

들만 열심히 먹고 나왔다.

체크아웃을 하고 숙소에 짐을 맡긴 후, 미사도 보고, 어제 보지 못했던 '스트라스부르 대성당'의 내부도 보기 위해서 부지런히 대성당으로 걸어갔다. 입장한 후 노트르담 대성당과 다른 느낌의 장미 창을 보며 감탄하고 있는데, 어느 순간 천문 시계 앞으로 사람들이 모이기 시작한다.

'시계가 울릴 시간이 다 되었구나.'

사람들을 따라서 슬금슬금 천문시계 앞으로 갔다. 12시 30분이 되자 시계의 종소리가 울린 후, 아기, 소년, 어른 모습의 인형이 나와서 인간의 일생을 재연한 다음에 죽음의 신이 나왔다 들어간다.

'오, 이게 그 유명하다는 천문시계 장식 인형들인가.'

뭔가 더 있을 것 같은 느낌에 기다렸는데, 없었다. 60초 만에 끝난 명장면. 사람들 사이에서 '허허허' 웃음소리들이 들리더니 웅성거림과 함께 순식간에 흩어졌다.

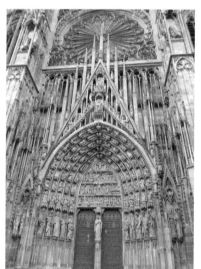

* 스트라스부르 대성당(Cathédrale Notre Dame de Strasbourg) *
Place de la Cathédrale, 67000 Strasbourg

'스트라스부르 대성당'의 천문시계

'스트라스부르 대성당'의 내부 장미창

* 스트라스부르 대성당 광장(Cathédrale Notre Dame de Strasbourg) *

기차 타는 시간까지 여유가 있길래 대성당에서 나와 운동도 할 겸 '전망대'에 올라가기로 했다. 전망대로 가는 표를 끊고 빙글빙글 나선형 계단을 따라 올라갔다. 그런데 왜 계단이 끝나지 않는 건지.

올라가다가 중간에 쉬는 사람들과 눈이 마주치면 서로 거친 숨을 내쉬며 웃으면서 지나갔다.

'아침 운동 제대로 하는구나…!'

거친 숨과 함께 도착한 전망대. 어딜 가나 전망대는 '진리'다. 힘들게 올라온 보람을 느끼게 해주는 전망이었다. 갈색 지붕들이 보이고, 광장에 삼삼오오 모여있는 사람들이 보였다. 파리와는 다른 느낌의 아기자기한 전망을 볼 수 있었다.

'자, 다시 내려가 볼까!'

후들거리는 다리로 계단을 내려와서 점심을 먹기 위해 거리를 돌아다녔다.

'어디에서 먹을까?' 고민을 하다가 사람들이 많지 않고, 그늘진 자리가

있는 음식점을 선택했다. 그리고 이 음식점에서 정말 기나긴 기다림을 경험하게 된다. 음식을 다 먹은 후 직원과 눈이 마주쳐서 "L'addition, s'il vous plait (라디씨옹 실브플레)"를 말하고 계산하기를 기다리는데 영수증을 만들어서 오는 지 40분이 지나도 직원이 오지 않는다.

'내가 계산대로 가서 계산할까?' 생각하다가 직원들이 바빠 보이기도 하고, 예의가 아닌 것 같아서 직원이 영수증을 가지고 오길 기다렸다.

'그래, 차분히 기다리자.' 이렇게 20분 후.

기다리고 기다리다가 결국 카운터에 가서 계산하고 나왔다.

'밥 먹는 시간보다 계산 기다리는 시간이 더 길 줄이야.'

기차를 타야 하는 시간이 얼마 남지 않았길래 바로 호스텔로 가서 짐을 찾은 후 스트라스부르 역으로 갔다.

오랜만에 여행자로서의 설렘을 느낄 수 있어서 좋았던 스트라스부르 여행.

'스트라스부르야, 안녕!'

* 1박 2일 스트라스부르 *

● 첫째 날

숙소(Ciarus) -35€
교통비 -4.50€ 바토라마 -13€
점심 -6.90€ 저녁-24€
엽서 -13€ 물 -0.90€
스타벅스 -3.80€
간식 -5€

=106.1€

● 둘째 날

조식 -4.90€ 점심 -20€
마그네틱, 엽서 -6.60€
물 -0.90€
전망대 -5€

=37.4€

● 1박 2일 총 경비
90€(기차) + 106.1€ (첫째 날) +37.4€ (둘째 날)

=233.5€

Day. 36
08.28 월요일

샤를 미셸 역(Charles Michels METRO)근처 쇼핑 거리 ▶ 스타벅스 (Starbucks)

다시 스텝으로 돌아와 맞이한 아침.

여유롭게 준비를 하고, '샤를 미셸 역' 근처에 있는 거리를 돌아다니며 쇼핑을 했다.

'꼭 뭐를 사야지!'라는 생각은 안 하고 갔는데, 마침 'MANGO'에서 내가 원하는 스타일의 가디건을 팔길래 추운 날 입고 다니려고 샀다.

'날씨 추워지면 애용해야지.'

저녁에는 사장님, 스텝 동생과 이런저런 이야기를 나눴다.

우리 세 명은 나이도 다르고, 살아왔던 환경도 다르다. 사장님은 게스트 하우스를 운영하면서 스텝을 두 번째로 채용해 보는 것이고, 나와 동생은 이번에 처음으로 다른 나라에서 스텝을 해보는 것이기 때문에 생활하면서 서로 마음이 맞지 않아 삐거덕거릴 때가 있었다. 그래서 같이 대화를 하며 서로의 마음을 들어보는 시간을 가졌다.

많은 이야기를 나누다 보니 세 명 모두가 서로를 이해하면서 즐겁게 일하려고 노력하고 있다는 것을 알게 되었다.

각자의 견해 차이와 조금씩의 오해가 있었을 뿐.

'앞으로 더욱더 즐겁게 생활합시다.'

가디건 -25.99€
커피 -2.95€
= 28.94€

메르시(Merci) ▶ 피카소 미술관(Musée National Picasso) ▶ 생 샤펠 성당 (Sainte-Chapelle) ▶ PARADISmarguerite(restaurant vegetarien)

8월 마지막 주는 비성수기 기간이다. 사장님께서 손님 없을 때 많이 다니라면서 '뮤지엄 패스'를 선물로 주셨다. 그래서 오늘은 아침 일찍부터 부지런히 돌아다니기로 했다.

'무진장 더운 날씨구나.'

손부채질을 하며 저번에 봐 두었던 에코백을 사기 위해 '메르시'를 다시 방문했다. 오늘도 메르시에는 한국 사람들이 많이 있었다. 많은 한국인들 사이를 지나 에코백 진열대로 직진. 내가 원하던 색깔을 찾아 가격표를 봤는데, 생각했던 것보다 가격이 더 나가서 살까 말까 고민이 됐다.

'그래도 지금 안 사면 나중에 후회하겠지?' 또 사러 올 기회가 없을 것 같아서 찜해 두었던 에코백을 사고 나왔다. "와-" 에코백을 사면 작은 쇼핑백에 담아 주는데, 얼마나 쿨하게 포장해 주는지 꾸깃꾸깃하게 들어있는 에코백을 보고 저절로 감탄이 나왔다. 에코백을 다시 꺼내서 돌돌 말아 넣었다.

'메르시'에서 나와서 가까운 거리에 있는 '피카소 미술관'으로 갔다.

뮤지엄 패스를 보여주고 입장. 피카소만의 독특하고 추상적인 작품들만 있는 게 아니라 피카소의 어릴 적 사진들이나 어른이 되어 그림을 작업하는 피카소의 일상 모습의 사진들도 많이 전시되어 있어서 뭔가 피카소가

* 피카소 미술관(Musée National Picasso) *
5 Rue de Thorigny, 75003 Paris

자신의 작품을 소개하는 것 같은 느낌을 받았다. 그래서 피카소만의 매력
을 더 생생하게 느낄 수 있었다.

개인적으로 파리에서 가 본 미술관 중 가장 좋았던 '피카소 미술관'.

피카소의 매력을 가득 느끼고 나와서 하늘을 보니 해가 쨍쨍 내리 찌는

* 생 샤펠 성당(Sainte-Chapelle) *
8 Boulevard du Palais, 75001 Paris

날씨다. 그래서 날씨 좋은 날 꼭 가봐야 하는 곳 중 한 곳. 바로 '생 샤펠
성당'을 가기로 했다.

파리 여행을 하던 6월, '생 샤펠 성당'에 왔을 때는 40분 정도 줄을 서서
기다렸기 때문에 이번에도 기다릴 것을 생각하고 갔는데 이상하게 줄 서
있는 사람들이 없었다. 당황해서 '오늘 문을 닫았나…?' 생각하며 입구

쪽으로 슬금슬금 가다가 바로 입장했다.

'타이밍을 참 잘 잡았네.'

생 샤펠 성당은 햇빛이 좋아서인지 저번에 왔었을 때보다 더 예뻤다.

'어떻게 이렇게 많은 스테인드글라스로 성당을 만들 생각을 했는지.'

가까이서 봤다가 멀리서 보기도 하고, 옆에 비치된 의자에 앉아서 스테인드글라스로 표현된 장면들을 하나하나 자세히 관찰했다.

'또 언제 다시 올지 모르니까, 아름다운 생 샤펠 성당을 잊지 않기 위해서 꾹꾹 눈으로 담아야지.'

'생 샤펠 성당'의 예쁨을 눈으로 가득 담았다.

'어디 시원한 음료수 마실 수 있는 곳이 없나?'

성당을 나와 센 강을 따라 걷다 보니 날씨도 덥고, 시원한 음료가 생각나길래 여기저기 주변을 둘러봤더니 사람들이 테라스에 앉아서 과일 주스를 마시는 모습이 보였다.

'그래, 여기다!' 'PARADIS'라는 이름을 가진 음식점으로 들어갔다. 안에 들어가 보니 인테리어부터 너무 예뻤던 가게. 주문을 어떻게 해야 할지 몰라서 멀뚱거리며 서 있었더니 직원이 웃으면서 "bonjour~"인사를 하며 앉고 싶은 곳에 앉으면 된다고 말했다. 메뉴판을 갔다가 줬는데 메뉴판도 왜 이렇게 예쁜 것인지. 소품 하나하나가 모두 마음에 들었다. 상큼한 레몬과 채소가 들어간 음료를 시킨 후 다른 사람들은 어떤 것을 시켰나 봤더니 채소로 만든 음식을 먹고 있었다. 아마도 '유기농 음식점'인 것 같다. 우연히 들어갔던 곳이었는데 직원도 친절하고, 음료도 맛있어서 마음에 쏙 들었던 곳이다.

메르시 에코백 -35€
엽서+파일(피카소) -7.30€
과일음료 -6.50€
교통비 -1.90€
= 50.7€
피카소 미술관, 생 샤펠 성당
- 뮤지엄 패스

* PARADIS marguerite(restaurant vegetarien) *
29 Quai des Grands Augustins 75006 Paris

너무 예뻤던 메뉴판과 내가 주문한 음료수.

Day. 38
08.30 수요일

숙소 지키기

어제는 날씨가 엄청 더웠는데 오늘은 춥다.
'파리 날씨는 정말 예측할 수가 없구나…!'
날씨도 우중충하고, 몸도 찌뿌둥하길래 오늘은 숙소에서 쉬기로 했다.
'어제 많이 돌아다녔으니 오늘은 쉬어도 괜찮아.'
숙소에서 쉬는 동안 '9월 휴가' 때 어느 지역으로 여행을 갈지 정하고, 그 지역에 대한 자료를 찾으면서 휴가 계획을 세웠다.
'내일은 날씨가 좋다고 하니까 놀러 가야지.'

스텝 동생과 간식으로 먹은 망고와 파파야. 밀크티와 홍차.

Day. 39
08.31 목요일

오전: 로댕 미술관(Musée Rodin) ▶ 숙소
오후: 에투알 개선문(Arc de Triomphe) ▶ 샹젤리제 거리(Av. des
Champs-Élysées) ▶ 스타벅스(Starbucks) ▶ 알렉상드르 3세 다리(Pont
Alexandre III)

파리에 대한 정보를 모으던 중 '로댕 미술관'을 우리 숙소에서 걸어갈 수
있다는 사실을 알게 됐다. 그래서 오늘 하루 일정은 '로댕 미술관'부터
시작.

보기만 해도 항상 무서운 경찰들에게 검문을 받고, 안으로 들어오자마자
로댕의 작품들이 보였다. 미술 학원이나 교과서에서만 봤던 '지옥의 문',
'칼레의 시민', '입맞춤' 등 유명한 작품들이 내 눈앞에 전시되어 있다는
게 신기했다.

'미술관 안에 숲길이 있네?'

하나씩 작품들을 보다 보니 숲길이 나왔다. 나무들을 보며 숲길을 걷자
그렇게 예쁘다고 소문난 정원이 나왔다.

'와, 정말 예쁘다.' 미술관 건물, 나무들, 호수, 사람들이 멋진 구도를 이
루며 어우러져서 예쁜 정원의 모습을 만들어내고 있었다.

'파리에 이렇게 예쁜 정원을 가지고 있는 미술관이 있었구나.'

언제든지 미술관에 와서 로댕의 작품과 예쁜 정원을 볼 수 있는 파리 사
람들이 부러워지는 순간이었다.

정원을 따라 걷다 보니 사진으로만 많이 봤던 '생각하는 사람'의 조각상이
내 눈앞에 나타났다.

* 로댕 미술관(Musée Rodin) *
77 Rue de Varenne, 75007 Paris

'우와 내가 생각하는 사람의 조각상을 직접 눈으로 보게 될 줄이야!!'
'생각하는 사람'의 조각상을 한 바퀴 돌면서 천천히 보고 있는데, 갑자기
'어, 그러고 보니까 지금까지 나는 로댕의 생각하는 사람의 뒷모습까진
생각하지 못했는데.'라는 생각이 들었다. 앞모습과 옆모습이 유명해서 항
상 그 모습으로만 머릿속에 기억되어 있다가 '생각하는 사람'의 뒷모습을
보는 순간, 뭔가 나만의 틀에서 벗어난 듯한 느낌이 들었다.
'왜 지금까지 생각하는 사람의 뒷모습을 궁금해하지 못했을까?'
뒷모습도 척추와 등 근육, 엉덩이의 골이 자세하게 표현된 세세한 조각
에 감탄했다. '생각하는 사람'과 같은 자세로 사진을 찍고 싶어서 조각상
주위를 돌며 눈치를 보다가 한 아주머니에게 쑥스럽게 부탁해서 '생각하
는 사람'과 사진을 찍고 나왔다.

저녁값을 아낄 겸 숙소에 들어가서 이른 저녁을 먹은 후, 오랜만에 파리
의 야경을 보기 위해서 '에투알 개선문'으로 갔다.
'눈앞에 개선문이 있는데 왜 들어가질 못하니.'
차도 중앙에 있는 개선문을 어떻게 가야 하는지 몰라서 같은 횡단보도를
다섯 번 정도 왔다 갔다 하며 건넜다. 이러다간 오늘 안으로 개선문에 들
어가지 못할 것 같아서 개선문으로 가는 듯한 사람들을 따라갔더니 드디
어 입구가 나왔다. 지하 도로 와야 하는데 지상에서 개선문만 보며 횡단
보도만 건너고 있었던 나.
'이러니 입구를 찾을 리가 있나.'

개선문 전망대까지 올라가는데 '힘들어 죽을 뻔했다.'라는 후기들을 많
이 봐서 마음의 준비를 하고 개선문 전망대로 가는 계단을 오르기 시작
했다.

'와… 정말 힘들다!'

나선형 계단을 따라 뱅글뱅글 올라가는데 계단이 또 나오고, 또 나온다. 환기도 되지 않아서 쇠 냄새 때문에 속이 울렁거릴 때쯤 시원한 바람과 함께 나타나는 전망대. 시원하고, 상쾌한 공기와 함께 멋진 파리 시내의 풍경이 내 눈앞에 딱 나타나는데, 와. 지금까지 파리에서 봤던 시내 풍경 중 제일 멋있고, 제일 예뻤다.

해가 지기 시작하면서 노을이 번지는 파리의 모습.

'에투알 개선문' 전망대

점점 어두워지면 가로등과 에펠탑에 불이 켜지고, 더 어두워지면 파리의 야경까지 볼 수 있는 개선문 전망대는 정말 최고였다. 에투알 개선문을 중심으로 12개의 도로가 나 있는 모습도 신기했다. 무엇보다 가리는 건물 없이 뻥 뚫려 있는 파리 시내의 모습을 한눈에 볼 수 있다는 게 제일 좋았다.

전망대에서 내려와 야경을 더 보기 위해서 샹젤리제 거리를 지나 알렉상드르 3세 다리를 건너서 숙소까지 걸어왔다.
'이 산책 코스는 정말 사랑이구나.'

역시 야경이었다.

너무 예뻤던 파리의 야경들.

숙소로 오는 길에 목이 말라서 스타벅스에서 커피를 시켰다. 닉네임을 "yoo"라고 말하고 기다리는데, 직원들끼리 "What's means yoo?" "HOW! ARE! YOU! HAHAHAHAH"라며 해맑게 웃는다. 늦은 시간이었는데, 천진난만하게 웃으며 일하는 직원들이 귀여웠다.

예쁜 야경까지 봤던 오늘 하루.

알차고 즐겁게 마무리.

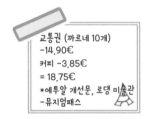

교통권 (까르네 10개)
-14.90€
커피 -3.85€
= 18.75€
*에투알 개선문, 로댕 미술관
-뮤지엄패스

'알렉상드르 3세 다리'에서 본 에펠탑.

* 에투알 개선문(Arc de Triomphe) *
Place Charles de Gaulle, 75008 Paris

Day. 40
09.01 금요일

알리그르 시장(MARCHE D'ALIGRE) ▶ 스타벅스(Starbucks)
▶ 앵발리드 ▶ 2인실 숙소

오늘부터 3일 동안 '9월 휴가'가 시작된다. 그래서 오전에만 열어서 가지
못했던 '알리그르 시장'에 갔다.
'방브 벼룩시장과 어떻게 다른 느낌이 날까?'

도착하자마자 퍼지는 신선한 냄새.
원산지가 '프랑스'라는 걸 티 내는 듯이 채소와 과일들이 알록달록한 모
습으로 감각적이고 예쁘게 진열되어 있었다. 재래시장에 온 김에 뭐라도
사고 싶은 마음에 여기저기 둘러보다가 엄청 작은 크기의 키위를 발견했
다. 사람들이 많이 사길래 가격도 저렴한 것 같아서 나도 샀다. 아보카도
샐러드도 만들어 먹으려고 '아보카도 3개'와 '미니 키위 1팩'을 2€에
구매했다. '역시 재래시장이 제일 싸구나.'
파리의 아침 공기 냄새를 맡으며 바쁜 움직임 속에서도 여유로움이 묻어
나는 사람들의 생활 모습을 보고 느낄 수 있었다.

'미니 키위'를
반으로 자른 모습.

'이렇게 귀여운 과일을 이제서야 발견하다니!'
무엇보다 미니 키위를 발견해서 기분이 좋았다.

알리그르 시장 옆에 작게 열린 벼룩시장도 구경을 한 후, 계속 고민하며
미루고 미루다가 결국 시즌을 놓쳐서 사지 못한 '플라밍고 스타벅스 머
그컵'을 찾으러 돌아다녔다. 좀 비싼 것 같아서 살지 말지 고민하고 있었
는데, 점점 없어지는가 싶더니 사려고 맘먹고 가니까 없어져 버린 머그
컵. '플라밍고 머그컵'을 찾기 위해서 오늘 스타벅스 매장만 다섯 군데를
돌아다녔다. 가는 매장마다 없다고 해서 포기해야 하나 싶었는데 정말
다행히도 마지막으로 간 매장에 있길래 바로 샀다.
'후, 결국 이렇게 살 거면서 고민만 하다 이게 뭔 고생이람.'
몇 시간 동안 머그컵을 찾아 돌아다니느라 힘들었지만, 덕분에 가보지
못했던 파리의 골목길들을 돌아다닐 수 있었다.
'내가 사는 시대에 구글 지도가 있어서 정말 다행이야.'

숙소에 머그컵을 놓은 후 저번부터 보고 싶었던 '나폴레
옹 1세의 관'을 보기 위해 '앵발리드'로 갔다.

'와, 정말 크고 웅장하다.'

앵발리드 건물 안으로 들어가서 나폴레옹의 관을 처음으로 딱 보는데, 크기가 너무 커서 놀랐다. 이 관에 그 유명한 '나폴레옹'의 유해가 묻혀 있다는 사실도 신기하고, 나폴레옹의 관이 내 눈앞에 있다는 것도 신기했다. 마침 밖에는 장대비가 내리기 시작해서 뭔가 이래저래 묘-한 느낌을 받은 곳이었다.

기념품점을 둘러보다가 '파리'를 잘 표현해 놓은 동화책이 있길래 구입을 한 후 휴가 동안 사장님께 허락받은 2인실 숙소로 갔다.
내일은 아침 일찍 파리의 근교인 '오베르쉬르우아즈'를 갔다 오기로 계획했다. 동행을 구하고 싶어서 사이트에 글을 올렸는데, 아직 구하지 못했다.
'심심하게 혼자 가야 하나…?'

스타벅스 머그컵 -11.50€
동화책 -15€
아보카도, 미니 키위 -2€
간식 -2€
= 30.50€

* 앵발리드(Musée de l'Armée) 안에 있는 나폴레옹 1세의 관 *
Rond-Point du Bleuet de France, 75007 Paris

117

* 알리그르 시장(MARCHE D'ALIGRE) *
Place d'Aligre, 75012 Paris

– 다양한 색깔을 가진 토마토.

파리근교 여행

오베르쉬르우아즈
Auvers-Sur-Oise

Day. 41 in 오베르쉬르우아즈(Auvers-Sur-Oise)
09.02 토요일

생 라자르 역(Saint-Lazare) ▶(40분 소요) 퐁투아즈 역(Gare de Pontoise)
▶(20분 소요)오베르쉬르우아즈(Auvers-Sur-Oise)
(오베르쉬르우아즈 성당 - 밀밭 - 반고흐&태오 무덤 - 반고흐 공원 - 오베르 시청
사 - 라부 여관 - 오베르 성 - Tender Burger)

다행히 오늘 아침에 동행이 구해져서 제약회사에 다닌다는 언니와 함께
'오베르쉬르우아즈'를 가게 됐다. 동행 언니를 만나는 장소는 오베르쉬
르우아즈로 가는 기차를 탈 수 있는 '생 라자르 역'에서 만나기로 했다.
나는 5존까지 사용할 수 있는 '나비고'가 있어서 무료로 기차를 이용할
수 있었는데, 언니는 '까르네'를 가지고 다녀서 기차표를 구매해야 했다.
'근데 도대체 어디서 기차표를 사는 건지.'
이상하게 기계에는 오베르쉬르우아즈까지 가는 기차표가 없었다. 묻고
물어 이리저리 헤매다가 어느 창구 같은 곳에서 표를 끊었다. 설레는 마
음으로 고흐의 마을인 '오베르쉬르우아즈'로 출발!

한 번에 가는 기차가 없어서 갈아타야 하므로 환승을 하려고 '퐁투아즈
역'에서 내렸다. 기차를 기다리는 동안 '퐁투아즈 역' 근처의 마을을 구
경하고 싶어서 역 밖으로 나갔다. 조용하고 평온한 분위기와 고소한 빵
냄새가 나는 마을이었다. 빵집에서 빵을 하나씩 사고, 다시 역으로 들어
와서 오베르쉬르우아즈로 가는 기차를 탔다.
'근데 좌석 색깔이 왜 이렇게 이쁜 거야?'
알록달록한 색감이 너무 예뻤던 좌석들. 내리기 싫을 정도로 좌석의 색
들이 너무 예뻤다.

'퐁투아즈 역'에서 기다렸던 '오베르쉬르우아즈'로 가는 기차 도착.

알록달록한 기차 좌석들.

20분 정도 가니까 '오베르쉬르우아즈'역에 도착했다. 내리자마자 신선한 공기 냄새가 확- 느껴졌다.

우리는 우선 미리 짜 놓은 코스대로 가보기로 했다.
고흐의 작품에 나온 장소에는 고흐의 그림과 설명이 쓰여있는데, 고흐가 그린 명작들의 장소를 하나씩 찾아가는 재미가 있었다.
'이렇게 아름다운 풍경을 어떻게 더 아름답게 그림으로 담아낼 수 있을까?' 고흐가 그림으로 담아낸 장소를 직접 발로 밟으며 눈으로 보고 있다는 생각에 뭔가 모를 묘한 기분이 들었다.
고흐가 동생 테오에게 '오베르는 아름다워… 정말로. 그림 같은 전형적인 전원이 펼쳐진 진정 아름다운 곳이야.'라고 말한 것처럼 예쁘고 아름다운 마을이었다. 풍경과 공기가 좋아서인지 머리가 맑아지면서 기분이 상쾌해졌다.

그리고 자살인지 타살인지는 모르겠지만 '라부여관'으로 가서 고흐가 생활했다는 방을 직접 봤다. 작은 공간에 작은 창문과 침대 하나와 의자 하나가 놓여 있었다. 옆방에서 묵고 있던 사람은 밤마다 고흐가 절규하는 소리를 들었다고 한다.
'얼마나 힘들었으면 이렇게 아름다운 마을에서 고흐는 마지막 생을 마감했을까?' 고흐가 죽고 나서 주인은 그 방을 더 이상 손님에게 내주지 않았다고 하는데, 고흐의 방을 보고 나니 더 묘한 감정에 휩싸였다. 고흐가 생을 마감했던 슬픔이 있는 곳이기도 한 '오베르쉬르우아즈'. 그림을 그릴 때 물감을 아껴 쓰지 않고 마음껏 쓰며 진하게 표현하는 고흐의 작품을 예전부터 좋아했는데, 오늘 고흐의 발자취를 느끼면서 고흐가 더 좋아졌다.

◀ 'Vincent van Gogh'의 동상

'빈센트 반 고흐(Vincent van Gogh)'
& '테오 반 고흐(Theo van Gogh)'의
무덤 ▼

내가 찍은 사진

고흐가 그린 작품

언니와 나는 마을을 다 구경한 후, '퐁투아즈
역'으로 가는 기차가 오기까지 시간이 남았길래
오베르에서 저녁을 먹고 가기로 했다.
'뭐를 먹을까?' 고민하다가 인테리어가 예뻐 보
이는 햄버거 가게에 들어갔다. 벽에는 고흐의
자화상이 걸려 있었고, 탁자에는 알록달록한 접
시와 컵이 놓여 있었다.

너무 예뻤던 '햄버거 플레이팅'

'햄버거 가게 인테리어가 이렇게 예쁘다니.'
컵과 나이프, 포크, 티슈 등 탁자에 배치된 위치들이 프랑스 사람들처럼
자유로운 듯 정갈하게 배치되어 있었고, 색감들 또한 알록달록하게 너무
잘 어우러져 있었다. 또 한 번 프랑스 사람들의 예술적 감각에 놀라움을
감추지 못했다. '나중에 카페를 차린다면 이렇게 색감이 있는 인테리어
로 차리고 싶다.'라는 생각이 들어서 가게 이곳저곳을 카메라로 찍었다.
감탄하며 사진을 찍고 있는데도 우리가 주문한 음식은 나오지 않는다.
이렇게 '스트라스부르'에서 경험한 기나긴 기다림이 여기에서도 시작되
었다. 기차가 오는 시간이 다가오지만 느긋한 여기 사람들을 재촉해 봤
자 소용이 없다는 것을 알기에 빨리 음식이 나오길 마음속으로 외치기만
수십 번쯤이었나, 드디어 주문한 수제 햄버거가 나왔다. '햄버거 플레이
팅도 왜 이리 예쁜 건지…!' 많은 기다림이 필요했지만, 눈도 즐겁고, 맛
도 좋아서 기분 좋게 저녁을 먹고 기차를 탔다.
"너무 마음이 평온하고 행복했던 하루였어요."
"맞아, 나도 너무 좋았어!"
"언니, 다음에 기회가 되면 또 봐요!"
"그래, 조심해서 가!"
파리에 도착해서 언니와 커피를 마시며 하루를 마무리했다.

라부어관 -6€
햄버거&콜라 -18€
커피 -2.95€
= 26.95€

* Tender Burger *
11 rue du General de Gaulle -95430 Auvers-sur-Ois

지하 통로에 그려져 있는 해바라기 벽화

Day. 42
09.03 일요일

> 오전: 노트르담 대성당(Cathedral of Notre-Dame de Paris) ▶ 르카페 마를
> 리(Le cafe marly)
> 오후: 사누키야(Sanukiya) ▶ 팡테온(Pantheon) ▶ 뤽상부르 공원(Le Jardin
> du Luxembourg)

휴가 마지막 날, 주일이기도 해서 미사를 보러 '노트르담 대성당'에 가려
고 아침 일찍부터 준비를 하고 나왔다.
숙소에서 나오자마자 퍼지는 아침의 상쾌한 파리 냄새. '참 좋다.'
버스 정류장을 찾지 못해서 이리저리 헤매다가 버스를 탔다. 미사에 늦
을 것 같아서 조마조마했는데 다행히 늦지 않았다.
일요일에는 미사 드리는 사람들을 위한 입장 줄이 따로 있다. 관광객들
이 서 있는 긴- 줄 대신 미사 드리는 줄에 서 있으니까 옆에서 줄을 서 있
던 관광객이 '쟤는 뭐지?'라는 눈빛으로 나를 봤다. 보안관도 나를 보면서
의심하는 듯한 눈빛을 보내길래 '거절당하더라도 당황하지 말자!'라고
맘을 다독이며 긴장된 마음으로 "Can i give a mass?"라고 말했다. 다행
히 "Sure"이라고 답해주며 들여보내 줬다.

교회를 다니는 나는 미사를 처음 드려 보는 데다가 불어로 진행되는 예
배라서 눈치껏 일어나면 일어나고, 앉으면 앉으며 드렸다. 헌금 시간도
있길래 급하게 가지고 있는 동전을 꺼내서 헌금도 드렸다.
미사가 끝날 때쯤, 서로 인사하는 시간인지 사람들이 앞, 뒤, 옆에 있는
사람들과 인사를 나누길래 혼자 뻘쭘하게 서서 사람들이 인사하는 모습
을 보고 있었다. 그런 나를 보셨는지 반대편 앞쪽에 앉아 계시던 할머님
께서 나에게 오시더니 불어로 말씀하시면서 환영한다는 듯이 환하게 웃

으시며 악수를 청해 주셨다.

뭔가 마음이 뭉클하고 따뜻해지는 느낌을 받아서 할머님께 정말 감사했다.

미사를 드리고 나왔더니 오전 11시다. 루브르 박물관을 보며 조식을 먹을 수 있는 곳이 있다길래 걸어서 '르카페 마를리'로 갔다. 루브르 박물관이 잘 보이는 곳으로 자리를 잡고 앉았는데, 박물관 앞에 한국인 단체 관광객들이 정말 많이 있는 모습을 볼 수 있었다.

'역시 한국 사람들은 부지런하구나.'

메뉴판을 보니까 브런치 종류가 두 종류였다. 나는 빵과 3개와 잼, 커피, 음료가 나오는 브런치로 주문했다.

'루브르를 보며 조식이라니!' 정말 '파리지엔느'가 된 느낌이었다.

빵이 너무 딱딱해서 당황했지만 '나는 지금 파리지엔느다.'라고 최면을 걸며 빵을 잼에 발라 먹기도 하고, 커피에 찍어 먹기도 했다. 루브르 박물관을 보며 조식을 먹어보는 특별한 경험을 할 수 있는 곳이지만 양과 가격 면을 본다면 혼자보단 두 명이 같이 와서 먹으면 좋을 것 같다는 생각이 들었다.

* 르카페 마를리(Le cafe marly) *
93 Rue de Rivoli, 75001 Paris

아침부터 부지런히 돌아다녔더니 너무 피곤하길래 숙소에 들어와서 낮잠을 잔 후, 늦은 저녁을 먹으러 GD도 간다는 유명한 '사누키야' 우동집으로 갔다. 긴 줄에서 오랜 기다림 끝에 가게 안으로 입장. 오랜만에 먹어서인지 파리에서 먹어서인지 우동이 정말 맛있었다.

'9월 휴가'의 마지막은 내가 제일 좋아하는 '뤽상부르 공원'에서 보냈다. 역시 언제나 봐도 너무 예쁜 공원이다.

이렇게 이번 휴가도 알차고 너무 재미있게 보낸 것 같다.
'파리에 있는 동안 더 좋은 기억과 추억 많이 만들자!!'

* 팡테옹(Pantheon) *
Place du Panthéon, 75005 Paris

* 사누키야(Saukiya) *
Rue d'Argenteuil, 75001 Paris

르카페 조식 -19€
사누키야(우동) -19€
엽서 -2.70€
= 40.70€

뤽상부르 공원

Day. 43
09.04 월요일

숙소 지키기

오늘은 숙소에서 쉬기로 했다.
날씨도 선선해지고, 해도 조금씩 짧아지는 걸 보니까 파리에 '가을'이 오
고 있다는 게 느껴진다.
해가 더 짧아지면 야경을 보러 많이 돌아다녀야겠다.

해가 지고 있는 '센 강'의 모습.

Day. 44
09.05 화요일

우체국(La poste) ▶ PAPETERIE DE L'ECOLE MILITAIRE (엽서 판매점)
▶ 스타벅스(Starbucks)

우리 집 우체통에 내가 보낸 엽서들이 들어 있는 걸 보고 가족들이 깜짝
놀랐다는 톡을 받았다.
'오, 엽서가 미아가 돼서 정처 없이 떠돌아다니지는 않을까 걱정했는데,
무사히 잘 도착했구나.'
그래서 이번에는 범위를 더 넓혀 할머니, 할아버지, 이모들에게 엽서를
써 보기로 했다.
'우선 우체국에 가서 우표부터 사자!'
도저히 기계로는 우표를 살 자신이 없어서 이번에도 줄을 서서 직원에게
우표를 샀다. 어? 그런데 저번하고 다른 그림의 우표를 준다.
'이 우표가 맞는 걸까…? 왜 저번하고 다른 우표지? 이번에야말로 엽서가
미아가 되는 건 아닐까?'
저번하고 다른 그림의 우표에 불안감이 생기면서 의심이 되었다.
'그래도 직원이니까, 내가 한국이라고 했으니까 맞게 줬겠지.'

우표를 사고 나와서 엽서를 사려고 '어디로 가야 하나' 생각하다가 에펠
탑 근처에 있는 '디자인 문구점'에서 예쁜 엽서들이 전시되어 있던 것을
본 것 같아서 떠듬떠듬 위치를 떠올리며 에펠탑 근처로 갔다. 다행히 저
번에 봤던 가게 발견. 지나가면서 봤을 때는 예쁜 엽서들이 많았던 것 같
은데 막상 들어가서 보니까 내가 원하는 스타일의 엽서들이 없길래 두

우체국에서 산 우표.

장만 사서 나왔다. 이모들에게 집 주소를 영어로 보내 달라고 했더니 '우리도 파리의 엽서를 받아 보는 거야?'라며 너무 좋아하셨다. 그래서인지 갑자기 내 엽서를 기다리는 사람들을 생각해서 빨리 써줘야 할 것 같은 급한 마음이 생겼다.

오늘은 지나가면서 봐두었던 가게의 위치를 기억해 내고 찾아내서 뿌듯했다. 점점 좋아하는 파리의 장소들이 생겨나기 시작하는 것을 보면 내가 좀 더 파리 속으로 물들고 있다는 느낌을 받는다.
'그래, 이렇게 천천히 속도에 맞춰서 파리에서의 생활을 즐기자!'

* PAPETERIE DE L'ECOLE MILITAIRE *
41 avenue de la Motte Picquet 75007 Paris

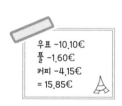

우표 -10.10€
풀 -1.60€
커피 -4.15€
= 15.85€

Day. 45
09.06 수요일

POP market ▶ 아르타자르(Artazart) ▶ 생마르탱 운하(Canal Saint-Martin) ▶ 마레 지구 ▶ 파피에 티그르 (PAPIER TIGRE)
▶ 조르주 퐁피두 센터(Le Centre Pompidou) ▶ 팔레 루아얄(Le Palais Royal) ▶ 산책 코스(루브르 박물관 ▶ 카루젤 광장 ▶ 튈르리 정원 ▶ 콩코드 광장 ▶ 오르세 미술관 ▶ 알렉상드르 3세 다리 ▶ 앵발리드)

친척들에게 보낼 엽서를 사기 위해서 점심을 먹고 밖으로 나왔다. 왠지 '디자인 편집숍'에 가면 예쁜 엽서들이 있을 거 같아서 파리 시내에 있는 디자인 편집숍들을 표시한 후 그 위주로 돌아다녔다.
우선 책에 나와 있는 'POP market'을 가기 위해 '동역(Gare de l'Est)' 쪽으로 출발.
처음 와보는 '동역' 근처의 동네. 근데 분위기가 좀 이상하다. 좀 음산하기도 하고, 건물들의 외관과 길거리가 다듬어지지 않은 느낌이 났다. 그리고 정말 오랜만에 지나가는 남자들에게 '니하오'라는 인사를 받았다.
'여기 약간 위험한 동네인데?'라는 생각을 하며 경계 모드를 하고 거리를 돌아다녔다.

'POP market'은 생각보다 공간이 작았고, 핑크 핑크하고 아기자기한 느낌이었지만 예쁜 엽서를 찾지는 못했다.
'동역'을 지나 '생마르탱 운하' 근처에 있는 '아르타자르'라는 편집숍을 들렸다. 서점을 같이 하는 곳이라서 예쁜 물건들과 책들이 많았지만 여기서도 내가 원하는 엽서는 찾지 못해서 '생마르탱 운하'를 따라 걸으며 주변에 있는 '디자인 편집숍'들을 찾아보기로 했다.

50 RUE BICHAT 75010 PARIS • 09 52 79 96 86 • WWW.POPMARKET.FR

* POP market *
50 rue Bichat 75010 Paris

*파피에 티그르 (PAPIER TIGRE) *
5 rue des filles du calvaire, 75003 paris

* Artazart *
83 Quai de Valmy, 75010

근데 동네 분위기가 점점 더 어둡게 느껴진다. 더 가면 위험할 것 같은 느낌이 들길래 바로 '시테섬' 쪽으로 방향을 돌렸다.

길을 따라 쭉- 걷다 보니 어느새 마레 지구가 보인다.

저번에 마레 지구 안에 있는 '퐁피두 센터' 광장 쪽에 엽서들을 많이 팔고 있었던 편집숍들이 생각이 나서 퐁피두 센터 쪽으로 걸었다. 걷다가 우연히 책에서 봤던 '파피에 티그르' 발견. 혹시나 하는 마음에 들렸는데, 여기서도 마음에 드는 엽서는 찾지 못했다. 퐁피두 센터 쪽으로 가다가 가판대에서 엽서를 팔길래 봤더니 마음에 드는 엽서들이 있었다. 그래서 파리 분위기가 나는 예쁜 엽서 3장을 골라서 샀다. 오히려 편집숍보다는 거리에 있는 가판점들이 파리의 느낌이 나는 예쁜 엽서들을 많이 파는 것 같다.

또다시 걷다 보니 '루브르 박물관'이 보인다. 그래서 숙소까지 쭉- 걸어가기로 했다. 루브르 박물관 쪽으로 열심히 걷고 있는데 갑자기 바닥에 기둥들이 나와 있는 곳이 나타났다.

'어 여기 저번에 책에서 보던 곳인데 어디지…?'라고 생각하며 옆을 봤는데 너무나 예쁜 정원이 있었다. 가을을 맞이하며 나뭇잎들이 알록달록하게 변하고 있는 정원. 여기가 어디인지 궁금해서 지도를 찍어 보니까 '팔레 루아얄'이었다.

'좀 더 시간이 지나서 완전한 가을이 되면 다시 한번 와봐야겠다.'

루브르 박물관을 지나 센 강을 따라 걸어가는데 조금씩 어두워지기 시작한다. 내 앞, 뒤, 옆에 있는 풍경들을 보니 새삼스레 파리가 정말 멋지고, 예쁜 도시라는 걸 느꼈다.

동역에서 숙소까지 걸어온 길만 해도 '루브르 박물관', '카루젤 개선문',

* 팔레 루아얄 정원(Le Palais Royal) *
8 Rue de Montpensier, 75001 Paris

'튈르리 정원', '오랑주리 미술관', '오르세 미술관', '콩코드 광장', '에펠탑' 등 하나하나가 모두 유명한 건축물과 장소들이었다. 이렇게 멋지게 어우러져 하나의 '도시'를 만들고 있다고 생각하니까 소름이 돋았다. 그리고 그곳을 내가 지금 눈으로 보며 직접 느끼고 있다는 게 너무 행복했다.

누군가에게 추천해주고 싶은 '산책코스'다.
'40일이 지나니까 내가 좋아하는 산책코스까지
생기는구나.'

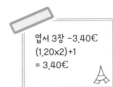

엽서 3장 -3.40€
(1.20x2)+1
= 3.40€

센강을 따라 보이는 유람선, 오르세 미술관, 에펠탑의 야경

숙소 지키기

오늘은 체크인하는 손님들도 많고, 컨디션도 좋지 않아서 숙소에서 쉬기로 했다. 하늘이 흐리길래 '내 컨디션처럼 날씨도 안 좋구나….'했는데 오후가 되니까 해가 쨍쨍하니 맑다. 정말 예측할 수 없는 파리 날씨.

요즘에도 여전히 문제가 되는 한국 생리대.
'내가 한국에서 왕창 사 온 생리대도 혹시 있나?' 검색을 해봤더니 검색창에 나오는 그 이름.
'하아, 그때 마트 아줌마가 추천해 줘서 왕창 사 왔는데.'
직장 다닐 때 한 선생님이 '한방'이 들어간 생리대를 추천해 준 적이 있어서 정말 오랜만에, 그것도 한국도 아닌 파리에서 연락을 했다. 가벼운 안부와 함께 그 이름을 알아내고 엄마에게 주문해달라고 부탁했지만 이미 매진이라서 구하려면 시간이 걸린다고 한다.
'그래, 이미 왕창 사 온 거 써야지 어쩌겠어!'
체념하며 체크인하고, 청소하다 보니 하루가 갔다.
벌써 46일째, 시간이 점점 더 빠르게 가는 것 같다. 오늘은 숙소가 만실이라서 거실에 있는 간이침대에서 잠을 자야 한다.
'푹 자진 못하겠지만 그래도 푹 자길…!!'

Day. 47
09.08 금요일

숙소 지키기

아침에는 날씨가 맑았는데, 오후부터 계속 이슬비가 내린다. 날씨는 쌀
쌀해지고, 낙엽들은 바닥에 굴러다니고, 이슬비는 내리고, 가을이 너무
빠르게 성큼성큼 다가온다.
오늘도 몸 상태가 좋은 편이 아니라서 숙소에서 쉬기로 했다.

내일은 김치 담글 준비를 해야 한다고 한다.
'파리에 와서 김장을 몇 번이나 하는 것인지….'
중국 마트에 가서 장 보고, 김치 담글 생각에 벌써 피곤함이 몰려오는 것
같다.

오늘의 점심
:밥, 된장국, 김치, 아보카도 샐러드, 마카롱

Day. 48
09.09 토요일

Le petit souk ▶ 생뙤스타슈 성당(Église Saint-Eustache) ▶ Little extra
▶ HEMA

왔다 갔다 하는 파리의 날씨, 오늘도 비가 왔다가 안 왔다가 한다. 날씨가 더 추워졌다.

생활하면서 점점 더 많아지는 짐들 때문에 한국에 갈 때 기내에 가지고 갈 캐리어가 필요했는데, 저번에 우연히 길을 가다가 '미니 캐리어'를 세일한다고 써 놓은 곳을 발견해서 위치를 찍어 두었었다. 그래서 오늘은 캐리어 사러 가는 날.

중국 마트에서 장을 보고 김장 준비를 마친 후, 캐리어를 사러 가기 위해서 핸드폰으로 찍어둔 위치를 찾았다. 가게 위치가 '생뙤스타슈 성당' 근처라고 떠서 버스를 타고 '생뙤스타슈 성당' 근처까지 갔다.

버스에서 내려서 성당 쪽으로 걸어가는데, 너무 예쁜 전등이 창문에 붙어 있었다. 그 전등을 보고 자석에 끌린 듯이 내 발걸음은 가게 안으로 가고 있었다. 물건들을 보니까 '아기용품'을 파는 곳인 것 같았다. 전등이 너무 예뻐서 사고 싶었지만 생각지도 못한 지출 때문에 고민이 되었다. 몇 번이나 들었다 났다 하며 고민하다가 저번에 '스타벅스 플라밍고 머그컵' 같은 상황이 반복될 것 같아서 큰마음을 먹고 샀다.

'그래도 갑자기 질렀더니 행복은 하네.'

가게를 나와서 성당 쪽으로 쭉- 갔더니 저번에 봤던 가게를 발견했다. 'Little extra' 이름을 가진 가게인데 검색해 보니까 '선물 가게'라고 나왔다. '어쩐지, 여기저기 둘러보니까 다양하게 예쁜 물건들이 많더라!' 아직 세일하고 있는 캐리어. 어떤 색의 캐리어를 살까 고민하다가 '하늘색'으로 결정을 했다. 점원에게 쑥스럽게 'Excusez-moi, can i have this?'로 불어와 영어를 섞어서 말했더니 점원이 웃으면서 꺼내줬다.

기분 좋게 캐리어를 사고, 통통통 끌며 옆에 있는 'HEMA' 상점도 들렸다. 우리나라의 '다이소'처럼 다양한 물건들을 싸게 파는 곳이었다. 주변에 있는 상점들을 다 구경한 후 다시 신나게 빈 캐리어를 끌고 숙소로 왔다. 내일은 사장님과 스텝 동생이랑 오랜만에 '방브 벼룩시장'에 가기로 했다. 짐 정리는 다음에 하고 일찍 자야겠다.

* Le petit Souk *
49 Rue Montmartre, 75002 Paris

캐리어 -39€,
전등 -29€
= 68€

* HEMA *
120 Rue Rambuteau, 75001 Paris

* little extra *
120 Rue Rambuteau, 75001 Paris

PS: 내일 체크아웃 하는 손님 중 한 분이 '바토파리지앵'을 타려고 티켓을 샀는데 시간이 없어서 타지 못했다고 한다. 그래서 기한이 많이 남아있으니까 스태프분 타시라며 선물로 주셨다. '오, 나에게 바토파리지앵 티켓이 생기다니!'

Day. 49
09.10 일요일

마르스 광장(Champ de Mars) -'마라톤 대회(La parisienne)'

오늘은 날씨가 너무 춥다.

손님들에게 아침밥을 차려 준 후 '방브 벼룩시장'에 가기 위해서 샤워를 하고 화장하며 바쁘게 준비했다. 그런데 갑자기 밖에서 '두둥둥 둥' 소리가 들린다. '무슨 소리지?' 생각하며 준비를 하고 있는데, 다시 '두둥둥 둥' 소리가 들린다.

'이게 도대체 무슨 소리야? 무슨 일 났나?'

궁금해서 창문을 열고 테라스로 나갔다. 전통의상을 입은 흑인들이 악기를 치며 숙소 앞을 지나가고 있었다. '뭐지? 오늘 행사하나?'

무슨 일인가 추리를 하다 갑자기 생각난 포스터.

2주 전부터 '마르스 광장' 주변의 길을 막더니 마라톤에 관련된 포스터

를 붙여 놨었다. 언제 하는지 궁금했는데, 오늘 드디어 그 마라톤을 하는 날이었다. 마라톤을 구경하러 가고 싶어서 사장님께 얘기한 후 벼룩시장에 가려 했던 계획을 취소하고 마라톤을 보러 '마르스 광장'으로 갔다.

어느새 차도 위에는 마라톤 길이 만들어져 있었고, 숙소에서 봤던 흑인 응원단이 마라톤을 하는 사람들을 위해서 응원하고 있었다. 몇 분씩 팀을 두고 시간을 나누어서 릴레이로 달리는 사람들. 여성들만 참여할 수 있는 대회인 건지 남자들은 선 밖에서 응원하고 있었고, 여자들만 코스를 따라 뛰고 있었다.

팀을 이루어 참여한 사람들은 팀끼리 컨셉을 정해 리폼한 의상을 입고 달렸고, 몸이 불편한 사람이 있는 팀은 휠체어에 팀원을 태워서 팀원들이 밀며 같이 달리고 있었다. 그리고 강아지와 주인이 같이 뛰는 사람도 있었다. 코스 중간중간에는 마라톤을 하는 사람들을 위해 음악과 춤으로 응원을 해주는 응원단이 있었고, 나처럼 구경하러 나온 시민들은 손뼉을 치며 응원해주고 있었다.

'이 사람들 너무 멋지게 사는 거 아니야?'

모든 사람이 마라톤을 즐기는 모습이 너무 좋아 보였다. 이렇게 멋지고 활기찬 모습을 가족들에게 보여주고 싶어서 급하게 엄마, 아빠에게 영상통화를 걸었다.

"엄마, 아빠 여기 봐! 여기 마라톤 대회 하고 있어!"

"마라톤 하고 있구나! 신기하네. 잘 지내고 있니, 아픈 곳은 없니?"

신기하다며 마라톤 하는 모습을 보면서 내 걱정과 안부를 묻는 엄마, 아빠.

"그럼 잘 지내고 있지."

한 시간 뒤, 마라톤이 끝난 사람들은 완주한 선물을 받았다. 가족들과 완주한 기쁨을 나누거나, 팀원들과 선물을 들고 웃으며 집으로 돌아가는 모습이 보였다. 오늘 가장 기억에 남는 마라토너는 환한 미소로 도착지점에 들어오셔서 거친 숨을 몰아 내쉬며 사람들을 향해 환한 웃음을 보여주신 할머님이셨다.

'수고하셨습니다.'

COUTUME(카페) ▶ La Grande Epicerie de Paris(식품관) ▶ 빵집

침대에 누워서 늦장을 부리다가 카페에서 엽서를 써야겠다는 생각에 저번에 산 엽서와 우표, 펜을 들고 나왔다. 어딜 갈까 고민하다 현지인들이 많이 이용한다는 'COUTUME'이라는 카페가 궁금해서 'COUTUME'으로 가기로 했다.

낙엽들도 볼 겸 걸어서 카페로 가는 길, 밤같이 생긴 열매들이 나무 주변에 떨어져 있는 것을 발견했다.

'우리나라였으면 이미 사람들이 다 주워가서 없을 밤인데, 파리 사람들은 밤을 안 주워가나? 아니면 이게 밤이 아닌가?'

이 열매가 밤인지 아닌지 궁금해서 사장님께 물어보기 위해 하나를 주워 주머니에 넣었다.

가을 가을 한 풍경을 만끽하며 'COUTUME'에 도착했다. 그런데 카페 안이 컴컴하다. "어, 뭐지?" 가까이 가보니 창문에 종이 한 장이 붙어 있었다.

'며칠까지 내부 인테리어 공사를 할 거다. 메르시'라는 내용의 안내문이 써 있었다.

'열심히 걸어왔는데 공사 중이라니!'

여기까지 걸어온 김에 간식거리를 사려고 근처에 있는 ''La Grande Epicerie de Paris'를 들렸다.

간식거리를 샀는데도 아쉬운 마음이 가시지 않길래 아쉬움을 달래기 위해 저번에 지나가면서 봐 두었던 디저트 가게로 갔다.

'근데, 설마 여기도 문 닫은 거니…?' 굳게 닫혀 있는 문.

결국 두 곳 다 실패를 하고 숙소 근처에 있는 디저트 가게 중 사장님께서 맛집이라고 추천해 주셨던 곳에서 무화과 파이를 샀다.

'오늘은 가는 곳마다 문을 닫았구나. 숙소에서 파이 먹으면서 엽서나 써야겠다.'

숙소로 들어와서 사 온 무화과 파이를 먹으며 엽서를 썼다.

* La Grande Epicerie de Paris(식품관) *
38 Rue de Sèvres, 75007 Paris

* Coutume Café *
47 Rue de Babylone, 75007 Paris

무화과 파이 -3.40€
초콜릿, 차, 과일 음료
-7.35€
= 10.75€

무화과 파이

이 열매는 밤은 아니고
나무의 열매인데,
먹으면 떫다고 한다.

정말 밤인 듯
밤처럼 생긴
밤이 아닌 열매구나.

Day. 51
09.12 화요일

빨래방 ▶ Auchan(supermarket)

너무 춥다. 추워서 밖에 나갈 엄두조차 나지 않길래 오늘은 숙소에서 쉬면서 손님들이 부탁한 일을 하며 보냈다.
우선, 빨래를 부탁한 손님이 있어서 빨래하러 빨래방으로.

빨래방에 도착해서 빨래를 세탁기 통에 넣고 돈을 넣으려고 기계 앞으로 갔는데, 할머니께서 기계에 돈을 넣지 못하고 계셨다. 지폐가 꾸깃꾸깃해서 그런지 지폐를 넣으면 자꾸 기계가 돈을 뱉어낸다. 세 번 정도 시도해 보다가 안 되니까 뒤에 있는 나를 보더니, 불어로 얘기를 하시는데, 도움을 청하시는 것 같았다. 그래서 될지는 모르겠지만 한국에서 자판기에 지폐가 들어가지 않을 때 사용하는 방법을 써 봤다.
지폐를 판판한 곳에 놓고 막 문질러서 정전기를 일으킨 후, 빠르게 기계에 투입.
"지지지지직 쓰으-" 바로 기계에 먹혔다.
할머니께서 놀란 표정으로 나를 보시더니 "Merci"라고 말씀하셨다.
'파리에서 내가 이 방법을 써먹다니…' 웃음이 나기도 하면서 왠지 모를 뿌듯함이 느껴졌다.
빨래가 다 돌아가려면 40분 정도 기다려야 하므로 기다리는 동안 자주 가는 'Auchan' 슈퍼마켓에 가서 간단하게 식사를 해결할 때 먹을 켈로그를 샀다. 우리나라에서는 못 봤던 켈로그 종류라 기대가 된다.

빨래를 건조하기 위해서 다시 빨래방에 갔다. 아까 계시던 할머님도 건조를 하시려는지 기계에 지폐를 넣으시는데 기계가 지폐를 또 뱉어낸다. 나를 보더니 웃으시며 불어를 하시는 할머님. 도와달라는 뜻이겠거니 생각하며 다시 한번 더 한국식 방법을 썼다. 바로 들어가는 지폐. 나도 웃고, 할머니도 웃고.

건조까지 다 마친 후 숙소로 오는데 너무 추워서 빨래를 꼭 껴안고 뛰어왔다.
'아, 지금 당장 패딩 사고 싶다.'

* Auchan (supermarket) *
9 Rue Dupleix, 75015 Paris

캘로그 -6.50€
= 6.50€

점심때 만들어 먹은 '크루아상 샌드위치'와 '망고'

Aux Cerises(카페)

아침부터 온종일 보슬비가 내린다.
카페에서 커피를 마시며 비 오는 풍경을 보고 싶었다. 그래서 숙소에서 10분 정도 걸어가면 나오는 카페를 가려고 나왔는데, 비바람이 불고, 너무 추웠다. 빨리 패딩을 사야겠다는 강력한 생각을 가지게 만드는 오늘의 날씨.

상상 초월하는 추운 날씨 때문에 원래 가려고 했던 카페는 포기하고 숙소와 더 가까이에 있는 카페로 갔다.

숙소 길 건너편에 있는 카페라서 오며 가며 봤던 카페인데 드디어 오늘 카페에 입성하게 되었다. 안에 들어가 보니 앤티크하고 고풍스러운 분위기를 풍기는 카페. 몸도 녹일 겸 따뜻한 '카페 알롱제'를 시켰다.

카페 알롱제와 함께 설탕들을 갖다가 주셨는데 '왜 설탕이 담긴 컵에서 파리 사람들의 쿨함이 느껴지는 걸까?' 길이도 다양하고, 색깔도 다양한 설탕들이 들쑥날쑥하게 들어있는 컵.

개성들이 다 다른 설탕들이 모여서 '타서 마시려면 마시고, 아니면 말던
가.'라고 말하는 것 같았다.

따뜻한 알롱제를 마시며 창밖에 내리는 비를 봤더니 아까는 너무 추워서
미워졌던 비가 몸을 녹이고 보니 예쁘게 내리고 있는 모습으로 보였다.
보슬보슬 내리는 비를 보면서 따뜻한 커피를 마시며 일기를 쓰는 소소한
행복한 느낄 수 있었다. 창밖을 보며 감성에 젖어있을 때, 한 커플이 우
산을 접으며 들어왔다. 커피를 마시며 이야기를 나누는 커플. 그 모습이
따뜻하고 예뻐 보여서 부러웠다.
'에휴, 좋겠다.'

바디로션 -3.59€
식품 -4.02€
커피 -2.50€
= 10.11€

* Aux Cerises(카페) *
47, avenue de suffren, paris

'Sentier'역 근처 ▶ 자연사 박물관(Muséum national d'Histoire naturelle)

오늘은 예전부터 가고 싶었던 '자연사 박물관'에 가는 날이다.

"저 오늘 향수 만들러 갈 건데, 같이 갈래요?"

숙소에 묵고 있는 손님 중 나보다 동생인 손님이 나만의 향수를 찾고 싶어서 'Nose'를 간다길래 궁금해서 자연사 박물관을 가기 전에 구경도 할 겸 따라갔다. 'Sentier'역에 내려서 'Nose'까지 걸어가는 길.

'우와, 이 동네 마레 지구보다 분위기가 훨씬 좋잖아.'

파리의 어느 지역인지 딱 알 수는 없었지만 '마레 지구'보다 세련되고, 밝은 분위기가 느껴졌다.

향수에 대해 잘 모르는 나는 'Nose'에 들어가서 진열된 향수들을 구경하다가 5분 만에 흥미를 잃어서 가게를 나왔다. 거리의 분위기를 더 느끼고 싶어서 혼자 거리를 걸어 다녔다. 마레 지구보다 가게들과 카페들이 많은 것 같았다. 진열된 엽서를 구경하고, 약국에 들러 생필품도 샀다.

'따뜻하고 편안함이 느껴지네.'

지금까지 돌아다녔던 거리 중 가장 따뜻하고 편안한 분위기를 느낀 곳이었다. '찰칵' 다음번에 또 오고 싶어서 위치를 캡처했다.

'더 늦기 전에 자연사 박물관으로 가자!'

동생에게 '박물관으로 갈 테니까 이따 숙소에서 만나자.'라는 연락을 한 후 버스를 타고 '자연사 박물관'으로 갔다.

한 층씩 올라가는 동선이 나을 것 같아서 티켓을 받고 지하 1층에 있는 '해양 박물관'으로 갔다. 실제 동물들의 크기와 생김새를 똑같이 표현했다고 해서 기대를 했는데 정말 살아있는 것처럼 생생하게 느껴졌다.

"오우, 얘네는 왜 이렇게 큰 거야."

고래, 대왕 문어 등 나보다 큰 해양 동물들이 여기저기에 살아 있는 것처럼 있으니까 좀 무섭다는 느낌을 받았다.

해양 박물관을 구경한 후 메인 전시관이 있는 2층으로 올라갔다.

"우와아아아ー" 엘리베이터에서 내리자마자 나도 모르게 나온 감탄사.

자연사 박물관의 모티브가 구약성경에 나오는 '노아의 방주'라고 해서 어떤 모습으로 전시되어 있을지 궁금했는데, '정말, 대단하다.'라는 말밖에 나오지 않았다.

'노아의 방주' 안에 들어와 있는 것처럼 창문과 천장이 디자인되어 있었고, 날씨와 시간이 흘러가고 있다는 것을 천둥소리, 새소리, 빗소리에 따라 천장의 색깔이 바뀌면서 자연스럽게 알려줬다. 그리고 노아의 방주에 탄 동물들이 일렬로 줄 서 있는 모습들은 정말 인상 깊었다.

'어떻게 이런 모티브로 전시를 할 생각을 했을까…!'

조명이 번쩍거리면서 천둥소리도 나니까 정말로 내가 동물들과 '노아의 방주'에 타고 있는 듯한 느낌이 들었다. 동물들의 실제 크기의 위압감과 오감을 자극하는 리얼함에 혼자 구경하기에는 좀 무섭다는 생각이 들었다. 유명한 미술관보다 훨씬 더 재미있고, 감동받은 박물관이었다.

'아이와 함께 오는 손님들에게 꼭 추천해 줘야지.'

핸드크림 -8€
클렌징 폼 -6.99€
면봉 -0.46€
자연사 박물관 -11€
= 26.45€

* 자연사 박물관*
(Muséum national d'Hstoire naturelle)
57 Rue Cuvier, 75005 Paris

Day. 54
09.15 금요일

숙소 지키기 ▶ 우체국(La Post) ▶ 와인파티

오늘은 늦장을 부렸더니 계획했던 대로 일정을 보내지 못했다. 왜 그런 날 있지 않나. 나가고 싶어서 '준비해야지' 생각은 하는데 뭔가 귀찮아서 방에서 뒹구는 그런 날.

추석에 할머니 댁에 가지 못하니까 할머니, 할아버지, 외할머니, 외할아버지께 쓴 엽서가 추석 전에 집에 도착해야 해서 엽서들을 우체통에 넣으러 모자를 쓰고 우체국에 갔다. 엽서를 넣은 후, 숙소 오는 길에 크루아상과 아메리카노 세트를 '2.5유로'로 싸게 파는 카페가 있어서 사 먹었는데 너무 맛이 없었다. '이런 걸 싼 게 비지떡이라고 하는 건가?'

이 카페는 이제 오지 않을 것 같다.

저녁에는 손님 한 분이 와인을 사 오셔서 손님들과 모여 앉아 와인을 마셨다. 이번에는 부르고뉴(Bourgogne) 와인이 아니라 'BROUILLY' 종류의 와인이었는데 정말 맛있었다.

손님들과 즐겁게 얘기를 하며 하루를 마무리했지만 귀찮아서 어영부영 시간을 보냈더니 가고 싶었던 카페를 가지 못해서 좀 아쉬움이 남는 하루였다.

크루아상, 커피
-2.50€

Day. 55
09.16 토요일

LE CAIRN(Coffee shop & Naturopathie)

파리에서 생활하면서 가장 스트레스받는 것은 '피부'다.
석회수가 섞여 있는 물을 계속 사용하다 보니까 피부가 예민해지고, 트러블이 많아졌다. '어떻게 해야 하지?' 생각하다가 마시는 생수를 마트에서 많이 사서 세수를 한 후 생수로 한 번 더 씻어 보기로 했다.

'오늘은 카페에 가서 일기를 쓰자!'
어제 살인적인 추운 날씨 때문에 가지 못했던 카페로 갔다.
작은 공간의 카페였는데, 사람들이 너무 많아서 자리가 없었다. 그래서 아쉽지만 두 번째로 와보고 싶었던 'LE CAIRN'이라는 이름을 가진 카페로 갔다.
창문에 'Naturopathie'라고 쓰여있는 걸 보니까 잘은 모르겠지만 우리나라의 꽃잎 차나 과일 청처럼 자연적인 차와 커피를 파는 것 같았다.
'테라스에서 마시고 싶지만, 날씨가 추우니까 안에서 마시자.'
달달한 커피가 마시고 싶어서 '마키아또'를 시키고 의자에 앉았다.
'오, 나왔어!'
마키아또가 나오고, 기대하며 한 모금 마셨는데, 쓰… 쓰다?
'왜 내가 생각한 달달한 마키아또가 아니지…? 여기서도 내 커피 주문은 실패하는 건가? 원두 자체가 쓴 건가? 커피를 내리는 방법이 다른가?'라고 별의별 생각을 하다가 지인한테 물어보니까 마키아또는 원래 달지 않다고 한다.

'아… 내가 맨날 먹었던 마키아또는 카라멜 마키아또구나!'

시럽이 들어가지 않은 마키아또를 마셔본 적이 없어서 몰랐었다.

'당연히 카라멜 마키아또인 줄 알았지!'

급하게 설탕을 찾아서 커피와 섞었더니 좀 괜찮아졌다. 달달한 커피가 마시고 싶었는데, 좀 아쉬웠다. 그래도 예쁜 카페에 와서 커피 마시며 일기 쓰니까 좋다. 일기를 쓰다가 창틀에 놓여있는 물건들이 예뻐서 사진도 찍고, 일기장에 그림도 그리면서 혼자 놀다왔다.

'오늘은 자기전에 얼굴에 팩하고 자야지'

커피 -3.80€
= 3.80€

COFFEE SHOP
100% GLUTEN FREE

NATUROPATHIE

~ Barista

~ Pâtisseries

~ Jus de fruits
frais & bio

~ Consultations

~ Compléments
alimentaires

~ Soins
Énergétiques

SUR PLACE OU
A EMPORTER

LE CAIRN
Coffee shop & Naturopathie

SUR RDV

* LE CAIRN (Coffee shop & Naturopathie) *
au 3, rue dupont des loges 75007 paris

창문틀에 진열되어 있는 'LE CAIRN'의 상품들.

Day. 56
09.17 일요일

방브 벼룩시장(Puces de Vanves) ▶ 족발&와인 파티

마라톤 대회 때문에 미뤄졌던 '방브 벼룩시장'을 가기로 했다. 날씨가 너무 추워서 있는 옷이란 옷은 다 껴입고 나왔다.

'오늘은 어떤 접시를 건질까…?'

예쁜 접시를 건질 생각에 기대가 되었다. 오늘도 예쁘고 앤티크한 물건들이 많이 나와 있었지만 아쉽게도 눈에 띄는 접시는 발견하지 못했다.

한 바퀴를 돌고 나서 길 건너편에 있는 야채와 과일을 파는 시장으로 갔다.

'음, 생각보다 비싸네.'

가격을 보니까 다른 곳보다 비싼 거 같아서 구경만 하다가 왔다. 아침부터 여기저기 많이 돌아다닌 것 같은데 사고 싶었던 것이 없어서인지 오늘은 돈을 하나도 쓰지 않았다.

숙소에 들어가기 전에 '센 강'을 따라 산책을 하다가 숙소로 왔다. 거실로 가니까 식탁에 족발과 야채들이 놓여 있었다.

'파리에서도 족발을 팔다니! 신기해.'

사장님께서 손님들과 같이 먹고 싶어서 사 왔다는 족발.

이렇게 오늘 저녁에는 생각지도 않게 손님들과 족발을 안주 삼아 와인을 마셨다.

'족발과 와인의 조합도 괜찮네. 맛있다!'

* 방브 벼룩시장(Puces de Vanves) *
14 Avenue Georges Lafenestre, 75014 Paris

Day. 57
09.18 월요일

'CRETEIL-PREFETURE'역 ▶ Primark(쇼핑몰) ▶ Go sport(신발 쇼핑몰)

유럽 여행을 다니면서 옷이나 양말이 필요할 때 'Primark'을 자주 이용했었는데, 파리에도 'Primark'이 있다는 걸 알게 되었다. 스텝 동생이 옷을 보러 간다고 하길래 같이 갔다 오기로 했다. 무려 8호선의 전철을 타고 '31개의 정거장'을 가야 하는 그곳. 파리의 지하철은 오래돼서 한국처럼 시설이 좋지도 않고, 가끔 전철에 이상한 사람들이 타면 긴장되는 상황들이 있기 때문에 31개의 정거장을 타고 가야 한다는 게 조금 걱정이 되기는 했다.
'궁금하기도 하고, 영어 잘하는 스텝 동생이랑 같이 가니까 괜찮겠지. 한번 가보자!'

전철을 타고 31개의 정거장을 지나 'CRETEIL-PREFETURE'역에서 내렸다. 차도를 건너서 'Primark'으로 걸어가는데, 파리 중심가에서 조금 떨어진 곳이라 확실히 더 조용했다. 그리고 주택들보다는 아파트들이 많이 보여서 정말 현지인들만 사는 동네인 것 같은 느낌이 들었다.
역에서 15분 정도 걷다 보니 나온 'Primark'.
오랜만에 'Primark'을 보니까 유럽 여행을 했던 때가 생각났다.
'벌써 유럽 여행을 갔다 온 지 두 달이 지났네. 행복하다는 말을 입에 달고 살았었는데…! 그때는 내가 파리에서 살게 될 줄 상상도 못했었지.'
'Primark'은 확실히 다른 곳보다 옷들이 저렴하기는 했지만, 워낙 유로

가 비싸다 보니 한국이랑 비교하면 별 차이가 없었다.

그래서 보일러가 없는 파리 주택 구조로 인해 요즘 발이 너무 시려워서 두꺼운 양말과 슬리퍼만 샀다.

스텝 동생이 옷을 계산하는 동안 거울을 보며 기다리고 있었다. 갑자기 아랍계의 남자 두 명이 내 앞으로 지나가다가 내가 보고 있는 거울을 몸으로 가린다. 거울에 비친 나를 보면서 "ni hao(니하오)?"라고 말하며 웃고 지나가는 그놈들. '하… 이 xxx들이….' 속으로는 엄청 욕했지만, 겉으로는 아무 일 없다는 듯이 거울을 보면서 '투명 인간' 취급을 했다. 그놈들이 가다가 다시 뒤를 돌아보더니 당황한 표정을 짓는다.

'화나지만 저런 애들은 무반응으로 무시해야 해.'

한국에서 운동화를 하나만 가져와서 신발도 한 켤레 사야겠다는 생각에 'Primark'에서 나와서 'Go sport'라는 신발 쇼핑몰을 갔다. 마침 하나 남은 사이즈를 세일하고 있는 코너가 있길래 봤더니 디자인도 예쁘고, 사이즈도 맞는 운동화가 있어서 바로 샀다. 사실 발 볼이 좀 끼긴 하지만 신다 보면 늘어 날 거라 믿는다.

동생과 4시간 동안 쇼핑을 하고, 다시 8호선 전철에 피곤한 몸을 싣고 31개의 정거장을 지나 숙소로 왔다. 파리에서 'Primark'은 한 번쯤만 가보기 좋은 곳인 것 같다.

* Primark(쇼핑몰) *
20 Rue de la bongarde 92390
Villeneuve La Garenne, 92390 Paris

점심 -15€
양말, 슬리퍼 -18.50€
신발 -24.99€
= 57.99€

Day. 58
09.19 화요일

자라(ZARA) ▶ La Grande Epicerie de Paris(식품관) ▶ Bleu Olive(카페)

저번에 내부 공사로 문을 닫은 'COUTUME' 카페가 공사 기간이 지났길래 다시 가보기로 했다.

오늘도 열심히 걸어서 카페에 도착. 그런데 이번에도 내부가 컴컴한 게 분위기가 이상하다. 문 앞에 쓰여있는 종이 한 장. 'Today is PM3:30' 내가 도착한 시간은 오후 4시. 후아, 그래서 오늘도 'COUTUME' 카페는 들어가지 못했다.
'유명한 카페인 거 같은데, 참 들어가기 힘든 카페구나.'

근처에 있는 '봉 마르쉐 식품관'으로 가서 이모들에게 기념품으로 줄 유명한 프랑스산 '천연 소금'을 사고, 구글 지도를 보며 다른 카페를 찾아봤다. 앵발리드 근처에 예쁜 카페가 있길래 숙소로 가는 길에 들러보기로 하고 앵발리드 쪽으로 열심히 걸어갔다.

'Bleu Olive'라는 이름을 가진 아담한 카페.
두리번거리다가 카페 안쪽에 한 자리가 남아 있는 것 같아서 들어갔더니 옆에 앉은 사람이 짐을 치워줬다. "Merci"라고 말을 한 후 의자에 앉아서 바닥을 봤는데, 알록달록한 벌집 모양의 타일이 너무 예뻤다.
'음, 커피도 맛있고 카페도 아담하고 조용하니 좋다.'

일기를 쓰면서 주변을 두리번거리다가 음료수가 예쁜 병에 담겨 있길래 주인에게 이것은 무슨 음료인지 물어봤다.

"Do you know wine?" "yes!" "This is pure wine!"

'응? 배 와인이라고…? 배로도 와인을 만드나?'

병도 예쁘고 맛도 궁금해서 하나 달라고 했더니 사과랑 배가 있는데 어떤 것을 주냐고 물어봤다.

"Can you recommend?" "pure"

그래서 배로 만든 와인을 샀다.

'숙소 가서 마셔봐야지! 내일은 꼭 COUTUME 카페에서 커피 마시고 싶다.'

Le Paludier
Guerande(천일염)
-3.85x5
커피 -5€
Fils de pomme -3.80€
= 28.05€

* Bleu Olive(카페) *
184, rue de grenelle, 75007 paris

커피, 설탕, 물과 일기장, 펜

'Bleu Olive' 카페에서 사 온 음료수

프랑스산 천일염

- 병에 'cider'라고 써 있는데 옛날에는 사이다에 알콜 도수가 있었다고 한다. 와인이 아니라 '알콜이 들어간 사이다'였다.

COUTUME(카페) ▶ 뤽상부르 공원(Le Jardin du Luxembourg)

'드디어 오고 말았어! 드디어!!'
세 번째 시도 끝에 성공한 'COUTUME'.

'우와 사람들 진짜 많다.'
조용한 분위기의 카페인 줄 알았는데 조금 시끌시끌하면서 활기찬 분위기의 카페였고, 젊은 사람들만 있는 카페가 아니라 연령대가 다양한 카페였다. 치즈 케이크와 아메리카노를 시켰는데 너무 맛있었고, 직원들도 친절해서 편안하게 여유를 느끼며 일기를 쓸 수 있었다. 현지 사람들이 자주 이용하는 카페에 드디어 와 봤다는 생각에 뿌듯했다.

커피를 마시고 나왔더니 날씨가 너무 좋길래 오랜만에 내가 가장 좋아하는 '뤽상부르 공원'까지 갔다 오기로 했다. 오늘은 공원 중앙에 있는 동그란 잔디밭 쪽으로 내려와서 의자에 앉았다. 여유롭고, 따뜻함을 느낄 수 있는 곳.
'뤽상부르 공원은 정말 사랑이다.'

치즈 케이크, 커피
-7.50€
Le Paludier
Guerande(천일염)
-3.85€ X2
= 15.20€

* COUTUME(카페) *
47, rue de baaylone 75007 paris

* 뤽상부르 공원(Le Jardin du Luxembourg) *
75006 Paris

Day. 60 두달:)
09.21 목요일

에펠탑(Tour Eiffel) ▶ UIDD(디저트 가게)

'와, 오늘 날씨 미쳤다.'
파리에 있는 동안 오늘 날씨가 제일 좋은 것 같다.
날씨가 너무 좋아서 에펠탑을 보러 '샹 드 마르스 공원'으로 갔다.

언제 봐도 예쁜 '에펠탑'이지만 날씨가 좋은 날 보니 더 예뻐 보인다. 이렇게 예쁜 날씨와 예쁜 에펠탑을 혼자 보는 게 아까워서 여기저기에 페이스톡을 하기 시작했다. 에펠탑을 보며 부러워하는 사람들. 부러움 사기 성공적. 오랜만에 페이스톡으로 얼굴 보며 내 사람들과 통화하고 나니까 기분이 너무 좋았다. 한 시간 정도 하다 보니까 슬슬 데이터가 걱정되길래 더 하고 싶었지만 한 시간으로 만족하기로 했다.

오후에는 숙소에서 체크아웃을 해주고 숙소 근처에 있는 카페로 왔다.
사장님께서 맛있는 빵집이라고 하셨는데 정말 장사가 잘된다.
'프랑스 사람들은 빵을 정말 많이 먹는구나.'
이렇게 여유로운 파리의 생활도 얼마 안 남았다.
'남은 파리 생활도 즐기자!'

빵, 커피 -3.80€
필수품 -5.65€
= 9.45€

* UIDD (디저트 가게) *
17 rue du dupleix 75015 paris

Day. 61
09.22 금요일

숙소 지키지 & '런던(London)' 예약하기

어제는 행복할 정도로 날씨가 좋았는데, 오늘은 비가 내리고 구름이 껴서 흐릿흐릿한 날이다. 며칠 동안 오전에 일을 마치면 계속 외출을 해서 오늘은 숙소에서 쉬기로 했다.

10월에 유진이가 파리에 오면 파리에서만 같이 돌아다니면서 놀려고 했는데, 파리 갔다가 런던으로 간다는 말에 런던 여행 때 느꼈던 '따뜻한 런던'의 느낌을 다시 느끼고 싶은 마음이 들었다. 그래서 유진이가 런던으로 넘어가는 날 스텝 일을 마무리하고, 같이 런던으로 넘어갔다 오기로 사장님과 이야기를 나누었다.
'다시 런던으로 갈 생각을 하니까 너무 설렌다!'

파리에서 런던으로 왕복하는 '유로스타(Eurostar)'를 알아보고, 런던에서 지낼 숙소를 예약했더니 하루가 후딱 갔다. 두 번째로 가게 되는 런던. 어떻게 여행을 해야 할지 천천히 찾아보며 계획해야겠다.

Day. 62
09.23 토요일

스타벅스(Starbucks)

오늘은 또 어제와 다르게 날씨가 너무 좋다. 가을 가을 한 '파리'의 날씨.
날씨가 너무 좋아서 커피를 마시러 스타벅스로 갔다.

근데 여기 사는 사람들은 날씨가 왔다 갔다 해서 그런가 복장이 '도' 아
니면 '모'다. '반팔' 아니면 '패딩'. 나는 긴 팔에 스웨터를 걸치고 스타벅
스에 가자마자 창가 자리가 비어 있는지 스캔했다.

'오늘은 창가 자리가 많이 남아 있네!'

주문한 커피를 가지고 창가 자리에 앉아서 파리 사람들의 일상 모습을
관찰했다. 테라스에 앉아서 이야기하며 커피 마시는 사람들, 길을 걸어
가는 사람들, 버스를 기다리는 사람들, 전철을 타러 지하로 내려가는 사
람들. 그리고 점점 어두워지는 하늘과 다리 위로 지나가는 전철.

여유롭고 평화로운 주말의 모습이다. 가만히 앉아서 파리 사람들의 일상
을 보고 있으면 내 마음도 같이 편안해져서 좋다.

망고 -1.99€
커피 -4.45€
= 6.44€

Day. 63
09.24 일요일

Cafe Gustave ▶ Auchan(supermarket)

파리 날씨가 오락가락한 건 알았지만 정말 날씨를 종잡을 수 없는 도시다. 오늘은 다시 여름이 되려고 하는지 갑자기 더워졌다.

'날씨가 좋아서 좋기는 한데, 두꺼운 옷을 사야 하나 말아야 하나 고민을 하게 만드네.'

체크인을 하고 이래저래 늦장을 부리다가 저번부터 '크레프'가 너무 먹고 싶었는데, 날씨가 좋길래 '크레프'를 먹으러 나왔다.

'사람들이 붐비지 않고, 창가 자리에 앉아서 편하게 먹을 수 있는 곳을 찾자!' 가게들이 있는 거리를 돌아다니다가 'Crepe'가 쓰여 있는 'Gustave'로 들어갔다. 테라스 자리에 앉아서 누텔라 크레프와 에스프레소를 시켰다.

볼 때마다 느끼지만 유럽 남자들은 참 잘생겼다.

가격이 좀 비쌌지만 커피 마시면서 잘생긴 얼굴도 보고, 크레프도 먹을 수 있어서 좋았다. 그리고 크레프를 먹으면서 파리 사람들의 쿨함을 또 느낄 수 있었다. 카페 테라스 앞에 초록색 쓰레기통이 있는데, 주위에는 쓰레기봉투와 빈 와인병들이 가득 쌓여 있었다. 그 쓰레기통과 불과 5미터 남짓 떨어진 테라스에서 브런치와 커피를 마시는 사람들.

쓰레기차가 와서 쓰레기통을 비우고, 환경미화원들이 날아가는 쓰레기를 치우고 있어도 그 모습을 보며 평온하게 커피를 마시면서 이야기 나누는 모습이 낯설고 신기했다.
우리나라에서는 생각도 할 수 없는 모습이었다.

크레프를 다 먹고, 숙소로 들어가는 길에 와인이 마시고 싶어서 마트에 들러 미니 병에 담긴 와인을 사서 숙소로 왔다.
'내일도 날씨가 좋길!'

와인 -1.30€
크레프, 커피 -10.50€
= 11.80€

* Cafe Gustave *
23 Avenue de la Bourdonnais, 75007 Paris

Day. 64
09.24 월요일

스타벅스(Starbucks) ▶ MONOPRIX

오늘은 기분이 우울하다. 커피 마시며 기분을 전환 시키려고 스타벅스로 왔다.

커피 주문을 하는데, 카운터에 가을 가을 한 느낌의 '단풍잎 카드'가 붙어 있었다. 너무 예쁘길래 점원에게 "Can i take it?"이라고 물어봤다. 점원이 당황한 표정을 지으면서 앞에 있던 손님에게 불어로 뭐라 뭐라 얘기를 한다. 점원이 영어를 하지 못하는지 앞에 손님이 나에게 "sorry?"라고 다시 묻길래 카드를 가리키면서 "Can i take it?"이라고 말했다. 점원과 손님이 또 불어로 뭐라 뭐라 하더니 "Sure!"이라고 말하면서 판에 붙어 있는 카드를 떼어서 준다.

'응? 판에 붙어 있는 카드는 전시용으로 해 놓은 게 아닌가…?'
내가 카드를 사는 바람에 나뭇잎 모양의 카드가 붙어 있던 자리는 휑하니 비었다.

'역시나 쿨한 파리 사람들.'

친구들과 통화를 하면 기분이 좋아질까 싶어서 친구들과 영상 통화를 하고 있는데, 갑자기 말소리가 들리지 않는다.
'어…? 뭐지? 핸드폰이 드디어 맛이 갔나.'
이어폰을 뺐다 껴도 소리가 들리지 않는다. 핸드폰이 잘 되는 걸 보면 아무래도 이어폰이 문제인 것 같다. 그래서 역 근처에 있는 '모노플릭스'로 가서 이어폰을 샀다. 제일 싼 걸 찾았는데도 만 원이 넘는 이어폰. 예상치 못한 지출을 한 날이다.

커피 -5€
이어폰 -9.99€
= 14.99€

* MONOPRIX *
24 Rue du Commerce, 75015 Paris

'커피'와 낙엽 모양의 '스타벅스 카드'

Day. 65
09.26 화요일

숙소 지키기

나는 원래 술을 조금만 마셔도 얼굴이 빨개지는 사람인데, 저번에 블랑 맥주 한 병을 다 마셔도 술기운이 올라오지도 않고, 얼굴이 빨개지지도 않았다.
'파리에서 와인을 많이 마셨더니 주량이 늘었나?'
스텝 동생한테 주량이 늘은 것 같다고 자랑했었는데, 오늘 충격적인 사실을 알게 되었다.

식탁 위에 놓여 있는 블랑 맥주병을 아무 생각 없이 보고 있는데 내 눈에 들어온 알콜 도수 '0.5%'.
'뭐…? 잠깐만, 알콜이 0.5%라고?'
점이 잘못 찍힌 건가, 인쇄가 잘못됐나, 손톱으로 긁어봐도 점이 지워지지 않는다. '아니… 알콜이 0.5%인 맥주가 있다니,
그것도 블랑이!'
생각해 보니까 마트에 가면 한 병은 팔지 않고 항상 6병씩 묶어서 팔길래 이상하다고 생각했었는데 이제야 그 이유를 알았다.

'술을 잘 못 마시는 나에겐 정말 최적의 맥주구나!
0.5% 맥주이니 맘 놓고 맨날 사다 마셔야겠다.'

알콜 0.5%의 블랑 맥주
(SANS ALCOOL)

Day. 66
09.27 수요일

스타벅스(Starbucks)

오늘도 손님들 체크인을 하고 스타벅스에 왔다. 주문을 받는 점원이 동양인 남자이길래 긴가민가할 찰나 "한국 분이세요?"라고 물어본다. 놀란 표정으로 "네!"라고 말하니까 "뭐 드실 거에요?"라며 한국말로 주문을 받는다.
'파리에 있는 스타벅스에서 아르바이트를 하다니! 대단하네.'
한국 점원의 도움으로 오늘은 시럽까지 추가해서 내가 마시고 싶은 커피 주문에 성공했다. 그리고 오늘도 창가 자리에 앉아서 파리의 일상 보기.

가을 가을 한 요즘, 아이유가 부른 '가을 아침' 노래를 들으면서 창문 밖을 보고 있는데, 테라스에서 활보하던 비둘기 중 한 마리가 스타벅스 매장 안으로 들어온다.
'어머, 비둘기가 안으로 들어오다니!'
한국 같았으면 사람들이 비둘기가 들어왔다고 놀라고 점원은 빗자루를 들고 바로 쫓아냈을 텐데, 여기는 손님들과 직원들이 비둘기가 안으로 들어오건 말건 신경 쓰지 않는다. 오히려 사람들이 비둘기를 조심히 피해 다니는 충격적인 모습들. 그 덕에 비둘기는 자기 집처럼 스타벅스 매장의 안과 밖을 자유롭게 왔다 갔다 한다. 비둘기가 매장 안에 들어오건 말건 신경 쓰지 않고, 테라스에서는 돌아다니는 비둘기들을 구경하며 커피를 마시는 여기는 파리.

새삼 파리 사람들의 쿨함에 다시 반하게 되는 오늘이다.

커피 -4.45€
= 4.45€

스타벅스 매장을 활보하고 다니는 비둘기.

Day. 67
09.28 목요일

숙소 옮기기

저번에 이사할 때 도와줬던 '2호점 숙소'에서 일하던 스텝이 기간이 다 됐기 때문에 오늘부터 내가 그 숙소에서 스텝 일을 하게 되었다. 사장님 도움 없이 혼자서 체크인과 체크아웃을 하고, 손님들 아침밥도 차리고, 파리 지도 안내와 정보도 알려줘야 한다는 생각에 긴장이 되고, 걱정도 되었다.

'그래도 지금까지 배워 온 경험이 있으니까 잘하리라 나 자신을 믿자!'

밥도 혼자 챙겨 먹어야 해서 좀 귀찮기는 하지만 그래도 뭔가 자취하는 것 같은 느낌이 들어서 좋을 것 같다.

'일주일 정도만 있으면 한국에서 유진이가 온다. 내가 오늘부터 옮기게 되는 2호점 숙소로!'

커피 -4.45€
= 4.45€

숙소 근처 산책

숙소가 바뀌니까 숙소 근처에 있는 역, 마트, 빨래방, 가게들 등 모든 것들이 익숙지 않아서 손님들에게 지도를 보며 설명을 해 줄 때 좀 난감하다. 한 손님은 나에게 "스텝인데 잘 모르시네?"라고 말했다.

"아, 제가 다른 지점에 있다가 어제 여기로 새로 와서 아직 익숙지 않네요!"라고 말했지만 뭔가 속상하고 억울했다. 그래서 오늘은 지리도 익힐 겸 숙소 근처를 돌아다녔다. 다행히 '빨래방'은 숙소 바로 옆이라 편하다는 장점이 있다.

돌아다니면서 마트 이름, 주변 역 이름, 버스정류장 위치와 버스 번호, 음식점, 에펠탑으로 가는 방법과 공항으로 가는 방법 등 지리를 익히며 메모를 해 두었다.

'이제야 좀 마음이 놓이네. 내일부터는 모든 질문에 막힘없이 다 대답해 주겠어!'

Day. 69
09.30 토요일

손님들과 '화이트 에펠'을 보러 자정쯤 숙소에서 나왔다. 손님들이 숙소와 에펠탑 위치가 가까워서 '화이트 에펠'을 맘 편하게 볼 수 있다고 좋아했다.

'이렇게 찍어도, 저렇게 찍어도 에펠탑은 예쁘구나.'

새벽 1시에만 볼 수 있는 반짝이는 '화이트 에펠'

Day. 70
10.01 일요일

숙소 지키기 & 저녁 외식

저녁을 먹으려고 냉장고를 열어서 음식들을 보는데, 손님이 "저녁 먹었어요?"라고 물어본다.

"아니요. 지금 먹으려고 하는데 같이 먹을래요?"라고 말하는 순간 또 한 명의 손님이 "어, 나도 아직 저녁 안 먹었는데!"라고 말한다. 이렇게 해서 급하게 결성된 세 명은 숙소 근처에 있는 식당에 가서 저녁을 먹기로 했다. 뭐를 먹을까 고민하다가 '파리에서 피맥 한 번 먹어볼까?'라는 말이 나와서 피자 한 판과 블랑 생맥 3잔을 시켰다. 생맥으로 블랑을 처음 마셔 봤는데, 크… 역시 캔맥주보다 맛있다.

어떻게 파리 여행을 오게 됐는지, 하고 있는 일은 무엇인지 등 이야기를 나누면서 저녁을 먹다 보니까 오랜만에 동네 친구들과 맥주를 마시고 있는 느낌이 들었다.

'손님들 덕분에 파리에서 피맥도 먹어 보고 좋네.'

피자, 맥주 -11.35€
= 11.35€

숙소 지키기

오늘따라 이 말이 계속 머릿속에 맴돈다.
'You Only Live Once.' 인생은 한 번뿐인걸.

혼자 스텝을 하니까 편하긴 한데 좀 우울감이 있는 것 같다. 설레는 마음으로 준비하는 손님들이 다 나가고, 혼자 남아서 청소를 하는 내 모습을 생각하면 '내가 지금 파리까지 와서 뭐 하고 있는 건가.'라는 생각이 든다. '그냥 한국으로 갈까?', '지금 당장 스텝일 그만두고 다른 숙소 잡아서 여행자로 살까.' 가격이 싼 한인 숙소가 어디에 있는지, 호스텔은 일박당 얼마를 하는지, 한국으로 가는 비행기는 얼마인지 알아봤다.
'혼자 있으니까 별의별 생각이 다 드네.'

파리에 온 것에 대해서 후회하지는 않는다. 불안하고 걱정이 됐지만 '일단 부딪쳐 보자.'라는 생각으로 어느 정도 마음의 준비를 하고 왔는데, 막상 부딪쳐 보니까 다른 나라에서 산다는 게 생각했던 것보다 더 힘들다. 그것도 혼자서 산다는 건 더.
타지에서 생활하는 유학생들의 힘듦을 조금은 알 것 같았다. 지금까지 쌓인 감정들이 터진 오늘, 허한 마음에 엄마에게 영상 통화를 걸었다.

Day. 72
10.03 화요일

스타벅스(Starbucks) ▶ 샹 드 마르스 공원(Champ-de-Mars)

파리에 와서 매일 일기 쓰기 한 것을 참 잘한 것 같다. 일기를 쓰다 보면 하루의 생각들이 정리되고, 속상한 일이 있는 날은 속상했던 마음도 좀 가라앉는 것 같다. 혼자 숙소에 있으면 이런저런 생각만 하므로 스타벅스에서 커피를 마시려고 나왔다. 저번에 봤던 한국인 남자 직원은 보이지 않는다.

'그만뒀나? 잘렸나? 안 보이니까 괜히 걱정되네.'

내 마음과 다르게 오늘 파리 날씨는 참 좋다.

한국에 가고 싶다는 생각도 딱히 없는데, 왠지 모르게 요즘 기분이 우울하다. 한숨을 쉬며 하늘을 봤다.

'하늘이 너무 예쁘네.'

어렸을 때는 하늘을 그릴 때 무조건 파란색이나 하늘색으로 색칠했던 기억이 난다. 분명 한국에서도 다양한 색의 하늘을 볼 수 있는 날도 있었을 텐데 왜 하늘을 생각하면 파란색과 하늘색만 생각났는지 모르겠다. 내년에 다시 일을 시작하게 되어 아이들과 하늘을 그릴 때, 하늘색과 파란색만 사용한다면 하늘은 정말 많은 색깔을 가지고 있다고 알려주고 싶다.

커피 -2.95€
망고 -1.99€
= 4.94€

Day. 73
10.04 수요일

스타벅스(Starbucks)

지금이 성수기이긴 한가 보다. 오늘은 체크인하는 손님들이 많다. 청소하고 체크인을 하다 보니까 시간이 빠르게 흘러갔다. 이 바쁜 와중에도 여유로움을 느끼고 싶어서 바람도 쐬고 커피도 마실 겸 스타벅스에 갔다.

어김없이 창가 자리에 앉아서 파리의 일상을 보고 있는데 한국인인 것 같은 여자 한 명이 내 옆자리에 가방을 놓고 불어로 뭐라 뭐라 한다.
이 사람은 한국 사람일까, 중국 사람일까, 일본 사람일까, 생각하면서 "I can't speak french language"라고 말하니까 "한국 분이세요?"라고 놀라며 묻는다.
"아, 네! 한국 사람이에요."
"아 저 화장실에 갔다 오려고 하는데 가방 좀 봐주세요."
"네! 다녀오세요."
가방을 들고 다니는 걸 보니 유학생인 것 같았다.
커피를 주문하고 옆자리에 앉길래 유학생이냐고 물어보니까 맞다고 한다.
"어떤 걸 전공하고 있어요?"
"법이요!"
'법?!?! 한국 법도 어려운데 프랑스 법을 공부하고 있다니!!'
너무 신기했고, 대단해 보였다.
"왜 한국에서 법을 전공하지 않고, 파리까지 와서 법을 전공해요?"

"파리가 학비도 싸고, 한국 법보다 쉬워요."

"프랑스 법을 공부하는 책은 어떤 책일지 궁금한데, 한번 보여 줄 수 있어요?"

"네! 보여 드릴게요."

너무 흔쾌하게 대답하며 가방에서 책을 꺼내 나에게 보여줬다. 영어도 아닌 불어로 쓰여 있는 책. 마냥 신기했다. 그리고 가방 안에는 책뿐만 아니라 프랑스 신문도 가득 들어 있었다.

"우와! 정말 대단하다. 내가 파리에서 지내면서 제일 궁금한 게 있었는데 알려 줄 수 있어요?"

"뭔데요?"

"왜 프랑스는 음식점 이름 앞에 다 'Le'가 붙어요? 대명사 같은 건가?"

"아 음… 그게 그냥 붙는 거에요."

"네?"

음식점 이름 앞에 왜 'Le'가 붙는지에 대해 더 설명을 해줬는데 어떻게 설명을 해야 하나 힘들어하기도 하고, 나도 알아듣지 못해서 그냥 붙는 거로 설명을 끝냈다.

"파리에 살아요?"

"아니요. 원래 파리에서 기차로 1시간 거리에 있는 곳에 사는데 제가 알바 겸 베이비시터를 하고 있어서 일주일에 한두 번 정도 기차 타고 파리에 와요!"

"그렇구나. 멀어서 왔다 갔다 하기 좀 힘들겠다."

"바람도 쐴 겸, 나오는 거라 괜찮아요."

오늘은 학교가 좀 빨리 끝나서 시간이 남길래 베이비시터 하기 전에 스타벅스에 잠깐 들른 건데 나를 만난 것이다.

"저는 파리에서 한인 민박 스텝 일을 하고 있어요. 원래 유치원 교사로 일을 했었고, 몬테소리 교육을 좋아해요."

"오, 몬테소리! 좋죠."

"유럽에는 진짜 몬테소리 교육을 많이 하는 것 같아요. 지나가다가 많이 봤어요."

"맞아요. 언니 몬테소리 교육 공부하러 비자 받아서 와요! 괜찮을 것 같은데."

"아, 제가 영어도 잘 못 하고, 불어는 더욱 못해서… 생각을 해볼게요."

"저, 언니 이것도 인연인데 우리 연락하면서 지내요!"

"그래요! 좋죠. 먼저 연락하면서 지내고 싶다고 말해줘서 고마워요."

이렇게 서로 카톡 아이디를 주고받은 후 유학생은 베이비시터를 하러 갔다.

'스타벅스에 자주 가니까 이런 인연도 생기는구나.'

새로운 인연을 만난 것 같아서 기분이 좋다.

빵, 커피 -6.30€
= 6.30€

'la motte picquet grenelle'역 앞 스타벅스

Day. 74
10.05 목요일

스타벅스(Starbucks)

오늘도 오전 일을 마치고, 스타벅스에 가서 아메리카노를 시켰다.
어김없이 창가 자리에 앉아서 파리 일상 보기.

언젠가 '자신의 외로움은 자신의 내면을 채울 때 비로소 없어진다.'라는
글을 본 적이 있다. 그래서 지금 이 시간들이 나 자신의 내면을 채우며
단단해지려고 연습을 하는 중이라는 생각이 들었다.

이 먼 파리까지 와서 사람들을 만나며 그들의 삶을 공유하고, 계속 나를
다독이며 응원하면 내면적으로 좀 더 단단해지고, 성숙해질 거라 믿는다.
파리에서 생활하는 이 시간이 내가 더 성장하는 데 도움이 되는 시간과
경험이길.

맥주 -4€,
커피 -2.95€
= 6.95€

Day. 75
10.06 금요일

Carrefour express

자꾸만 숙소 예약하는 부분에서 실수가 난다. 사장님께서 당일 아침에 체크인하는 손님들을 알려 주시는데, 갑자기 숙소 지점이 변경되거나 호실이 변경되는 경우들이 있어서 실수가 난다.

손님들도 기분 안 좋고, 나도 안 좋고. 스텝이 나밖에 없으니까 실수가 나거나 불만 사항들이 있으면 다 나한테 말한다. 그럼 난 '죄송합니다.'

'한국에서 일할 때 수십 번 말했던 죄송하다는 말을 파리까지 와서 할 줄이야…!'

4년 동안 사회생활을 하면서 많은 사람을 대했기 때문에 사람을 대하는 일에 대해서는 어느 정도 자신감이 있었는데, 사람을 대하는 일은 언제나 힘들고, 언제나 감정 소모가 되는 것 같다. 한국이었으면 친구들이나 직장 동료, 엄마, 아빠한테 '속상하다고, 힘들다고' 털어놨을 텐데, 시차 때문에 지금 당장 마음 터놓고 얘기를 할 사람이 없다.

그래서 더 우울해지고 더 속상해지는 것 같다. 막 화가 나다가도 '그래도 즐겨야지 어떻게 하겠어. 이런 감정 소모 잊어버리고, 남은 기간 즐겁게 생활하자.'라고 생각하며 내 마음을 다스렸다.

내일은 유진이가 오는 날이다. 그래도 타지에서 친구를 만날 생각을 하니까 설렌다. 오늘은 숙소 앞에 있는 '까르푸'에서 저녁에 먹을 라면과 밥 그리고 생필품을 사 오는 걸로 하루를 마무리했다.

칫솔 -3.40€
컵라면, 밥 -3.40€
이어폰 -7.99€
커피 -3.95€
= 18.74€

루브르 박물관(Le musée du Louvre) ▶ 센 강(Seine) ▶ 샹 드 마르스 공원
(Champ-de-Mars)

드디어 유진이가 오는 날.
파리에서 내 친구를 만난다는 게 신기하고 설렌다. '참 반갑네그려.'

어제도 일찍 체크아웃하는 손님들이 있어서 새벽에 잠을 설쳤더니 아침
부터 너무 피곤했다. 청소하고 낮잠을 자다 보니 어느새 훌쩍 지나가 버
린 시간. 서둘러서 준비했다. 유진이가 도착하려면 시간이 좀 남았길래
스타벅스에 앉아서 기다리기로 했다.
'친구 만날 생각을 하니까 너무 설레잖아!'
오늘은 스타벅스에 그때 보았던 한국인 남자 직원이 다시 보인다.
'카운터에 있지 않고 돌아다니면서 청소를 하네.'

저번에 핸드폰을 보다가 오늘이 '백야 축제' 하는 날이라는 것을 알게 됐
다. 그래서 유진이가 오면 같이 보러 가려고 하는데, 동네가 세상 조용하다.
'이따가 백야 축제하는 거 맞나? 축제인데 왜 이렇게 조용하지?'

'유정아, 나 공항에서 출발했어.'
유진이가 공항버스를 탔다는 톡을 보내서 정류장에서 기다렸다. 정류장
에 공항버스가 오고, 안에서 나에게 손을 흔들고 있는 유진이.
"유진아~!! 파리에 온 걸 환영해!"

유진이가 피곤해 보이길래 바로 숙소로 가서 짐을 정리하고, 저녁을 먹으러 에펠탑 근처 음식점으로 갔다.

정말 오랜만에 친구와 밥을 먹으면서 나누는 일상 이야기.

'역시 친구가 최고네.' 너무 편안하고 좋았다.

처음으로 파리에 온 유진이에게 루브르 박물관의 야경을 제일 처음으로 보여주고 싶어서 저녁을 먹은 후 전철을 타고 루브르 박물관으로 이동했다. 전철역에서 나와 루브르 박물관의 야경을 보고 감탄하는 유진이.

'아, 나도 루브르 박물관을 처음 봤을 때 이런 반응이었는데…!'

이제는 우리 동네 마실 나온 것처럼 너무 익숙하게 루브르 박물관을 보고 있는 나 자신이 웃겼다.

백야 축제를 보기 위해서 에펠탑까지 센 강을 따라 걸어가기로 했다. 근데 뭐가 백야 축제인 건지. 중간중간에 흰색 풍선이 보이기는 하는데, 도대체 무슨 축제를 하는 건지 아무리 봐도 감이 안 온다. 그래서 우리는 그냥 야경을 보면서 걷기로 했다.

'언제나 봐도 예쁜 파리의 야경.'

유진이와 얘기를 하며 걷다 보니 어느새 '샹 드 마르스 공원'에 도착했다.

"유정아, 너 길 진짜 잘 찾는다."

헤매지 않고 에펠탑 앞에 도착한 길 안내에 감탄하는 유진이.

"그러게, 우리 동네처럼 익숙하게 돌아다니는 내가 좀 어색하네. 여기저기 돌아다녀 봐서 그런가 봐!"

에펠탑과 인증사진을 찍고 숙소로 왔다. 유진이는 피곤한지 씻자마자 바로 잠이 들었다.

'유진아, 굿 나잇!'

저녁 -28€
커피 -4.55€
= 32.55€

유진이와 '에펠탑'이랑 사진찍기.

숙소 지키기

어제의 '백야 축제'는 물음표만 던진 축제였다.

'무슨 축제인지 잘 모르겠네.'

백야 축제를 보겠다고 늦은 저녁까지 바람을 맞으면서 돌아다녔더니 몸살감기처럼 기운이 없었다. 그래서 유진이는 동행이랑 파리 관광을 하러 나가고, 나는 숙소에서 쉬었다. 몸이 피곤하고 가라앉는 느낌이라 온종일 자고, 또 자고 뒹굴다 보니 저녁이 되었다.

왠지 와인을 마시면 몸살 기운이 사라질 것 같아서 숙소 앞에 있는 '까르푸'에서 미니 와인을 사서 왔다. 저녁을 먹은 후 음악을 켜놓고 창문 앞에 있는 책상에 앉아서 와인을 마셨다.

'음, 여유롭고 좋네.'

이렇게 파리에서의 하루가 또 지나간다.

미니 와인 -2€
= 2€

'Anvers'역 ▶ 사랑의 벽(Le mur des je t'aime) ▶ 몽마르뜨 샤크레쾨르 대
성당(Sacré-Cœur)

오늘은 유진이랑 '몽마르뜨 언덕'에 가기로 했다.

하도 위험하다는 얘기를 많이 들어서 파리 여행을 할 때 일부로 뺐던 장
소였는데, 둘이 가면 덜 위험할 것 같아서 같이 가기로 했다. 전철을 타
고 'Anvers'역에 내려서 골목길을 따라 올라가다 보니 파란색 벽에 여러
나라 글씨가 쓰여있는 '사랑의 벽'이 보였다. 생각보다 벽의 폭이 좁았고,
사진을 찍으려고 줄 서 있는 사람들이 많았다.

"오, 저기에 있다. 사랑해."

유진이와 기다리면서 벽에 한글로 쓰여있는 '사랑해'를 찾았다.

"어, 근데 저기 또 한글로 써 있는 게 있는데?"

"어디?"

"저기 오른쪽 밑에! 나 너 사랑해."

"어 진짜 있네. 한글로 쓰여있는 게 하나만 있는 줄 알았는데."

"그러게, 나도 하나만 있는 줄 알았는데."

벽을 보다 보니 한글로 쓰여있는 '나 너 사랑해'를 발견했다. 반가운 한
글 앞에서 서로 사진을 찍어주고, 셀카로 같이 사진을 찍은 후 몽마르뜨
언덕으로 가기 위해 더 위로 올라갔다.

몽마르뜨 언덕까지 가면서도 별로 기대하지 않았었는데, 올라가 보니까
사람들이 맥주를 마시면서 파리의 풍경을 보며 이야기를 나누고 있는 모

습들과 풍기는 분위기가 평화롭고 따뜻했다. 무엇보다 '몽마르뜨 언덕'에서 본 파리의 전망이 너무 예뻐서 놀랐다.

유진이와 계단에 앉아서 버스킹 하고 있는 훈남의 노래를 들으며 파리의 풍경을 감상했다.
"여기 위험하지도 않고, 너무 좋은데?"
"그러게, 왜 위험하다고 하는 거지? 너무 좋다. 풍경이 너무 예뻐!"
왜 파리 여행 때 '몽마르뜨 언덕'을 뺐을까. '에투알 개선문' 전망대에 올라가서 본 파리의 전망과 다른 느낌의 파리 전망이었다.
"유정아, 너는 개선문 전망대에 올라가서도 봤잖아. 어디에서 본 전망이 더 예뻐?"
"음, 느낌이 너무 달라서 어디가 더 좋았다고 얘기하기가 어렵네."
"아, 느낌이 달라? 개선문에서 본 전망이랑 여기에서 본 전망이랑?"

"응, 달라! 근데 이건 직접 봐야지 알 수 있는 거라 내가 어떻게 설명을 못 해주겠어. 두 곳 다 예쁜 파리의 전망을 볼 수 있는 장소임에는 틀림 없는 것 같아."

"나도 개선문 전망대에 올라가서 봐야지!"

"꼭 올라가 봐! 약간 노을 질 때 올라가면 좋아."

"Hi! I cam here after work."

다시 버스킹 하는 사람의 노래를 들으며 전망을 보고 있는데, 내 옆에 앉아서 제복 같은 옷을 입고 핫도그 샌드위치를 먹고 있던 남자가 갑자기 나에게 말을 걸었다.

"Ah, Have a good time."

그 이후로 영어로 뭐라 뭐라 얘기했는데, 내가 알아듣지 못해서 웃으며 고개만 끄덕였다. '영어 공부 좀 해야겠다.'

주변을 둘러보기 위해서 언덕 제일 위에 있는 '샤크레꾀르 대성당'으로 올라갔다. 대성당 근처에서 그림을 그리는 화가들의 작품도 구경하고, 상점에서 파는 프린트된 파리 풍경의 그림과 엽서도 샀다.

유명한 '사랑의 벽'에서 사진도 찍고, 몽마르뜨 언덕 주변도 구경하면서 웃고 떠들다 보니까 여행자가 된 것 같아서 좋았다. 아마 혼자가 아니라 친구랑 같이 있어서 더 좋았던 것 같다.

저녁에는 잠들기 전에 엄마분 같은 손님분이 따뜻하게 마시라고 쌍화차를 주셨다.

'오늘은 마음이 따뜻한 하루구나.'

컵라면 -1.68€
그림, 엽서 -4.30€
까르네 -1.90€
= 7.88€

* 몽마르뜨 샤크레쾨르 대성당(Sacré-Cœur) *
35 Rue du Chevalier de la Barre, 75018 Paris

* 사랑의 벽(Le mur des je t'aime) *
Square Jehan Rictus, Place des Abbesses, 75018 Paris

Day. 79
10.10 화요일

LE ZINC(음식점) ▶ 스타벅스(Starbucks) ▶ 샹 드 마르스 공원(Champ-de-Mars)

오늘은 유진이의 생일이다. 친구의 생일날, 손님들이 맛집이라고 알려줬던 곳으로 가서 제일 맛있었다는 '수제 햄버거'를 시켰다.
"우와 너무 맛있어!"
둘 다 만족할 만큼 정말 맛있었다. 배부르게 먹은 후, 엄마에게 영상통화를 걸었다.
"엄마! 파리에 유진이 왔어."
"유정이 어머님, 안녕하세요!!"
"어, 그래 유진이구나. 재밌게 잘 다니고 있니?"
"네, 파리 너무 좋아요!"
"엄마, 유진이 오늘 생일이래!"
"그러니? 유진아, 생일 축하한다!"
"감사합니다. 한국 가면 가게로 놀러 갈게요."
엄마에게 유진이와 내가 같이 있는 모습을 보여준 후, 나는 스타벅스로 가고 유진이는 만나기로 약속한 동행들을 만나러 갔다.

저녁때쯤, 유진이가 오늘 만났던 동행들과 에펠탑 앞에서 와인을 마시기로 했다고 오라고 했다. '샹 드 마르스 공원'으로 가서 동행들과 인사를 하고 앉았는데 부르고뉴 와인 두 병이 보였다.
"하나는 더 비싼 와인이에요."

'와인 맛이 다 거기서 거기겠지'라고 생각했는데, 비싼 와인은 정말 맛이 다르다는 걸 알았다. 너무 맛있었던 와인. 친구의 생일날, 새로운 사람들과 에펠탑을 보면서 와인을 마시고 있는 이 시간이 너무 신기하다.

동행분들 중 한 명이 카메라로 사진을 찍어 준다고 해서 유진이와 에펠탑 앞에서 사진을 찍었다. '나 사진 잘 찍어!'라고 말하며 너무 열정적으로 찍어 주셔서 어떻게 나왔을지 기대된다.

내일은 스텝 마지막 날이다.
'이젠 정말 끝이 보이는구나.'

젤리, 치즈 -3.52€
햄버거 -18€
커피 -4.85€
= 26,37€

이 두병 중 하나가 더 비싼 와인이었는데,
어떤 와인이었는지 기억이 나지 않는다.

LE ZINC

BISTRO - COMPTOIR - COCKTAIL

* LE ZINC (음식점) *
61 AVENUE DE LA MOTTE-PIQUET

기대했던 사진이 이렇게 흔들려서 왔다.
'왜 이렇게 사진이 흔들렸어요?'
'술기운에 찍다 보니 흔들린 것 같아요. 이 사진
이 그나마 덜 흔들린 사진이에요.'
'네? 이사진이 제일 덜 흔들린 사진이라고요?'
사진 찍어 줄 때 완전 멀쩡해 보였는데, 아니
었나 보다. 그래도 추억이 될 사진을 남겨주셔
서 감사합니다!

* 에펠탑(Tour Eiffel) *
Champ de Mars, 5 Avenue Anatole France, 75007 Paris

Day. 80
10.11 수요일

스텝 마지막날 (인수인계 하는 날)

드디어 오늘은 '스텝'으로서의 마지막 날이다.
새로운 스텝이 아침에 왔는데, 노란색의 짧은 머리에 큰 배낭을 메고 들어왔다. 스텝 일을 마치고, '산티아고 순례길'을 하면서 만났던 친구들을 만나러 갈 예정이라 여행 배낭을 메고 왔다고 한다.
새로 온 스텝에게 인수인계도 해야 하고, 유진이도 만나야 하고, 런던 갈 준비도 해야 해서 온종일 정신없이 바빴다.

내일은 런던으로 가는 날. 날씨가 꽤 춥지 않다고 해서 다행이다.
'이렇게 스텝의 마지막 날이 바쁘게 지나가는구나.'

저번에 산 미니 캐리어에 짐을 싸고 있는데 너무 설렌다. 내일부터 다시 '여행자의 삶'으로 돌아간다.

"신난다!!"

유로스타 왕복권
-65€
= 65€

파리 – 런던 '유로스타' 티켓

영국여행

런던
London

Day. 81 in 런던(London)
10.12 목요일

파리 북역(Paris nord) ▶ 런던 세인트판크라스역(St-Pancras)
▶ 하이드 파크(Hyde Park) ▶ 소호거리(Soho) ▶ 런던아이(Coca-Cola
London Eye)

AM 8:30분, 다른 지점으로 숙소를 옮겼던 유진이와
'la motte-piquet'역에서 만나 전철을 타고 '북역'
으로 갔다.

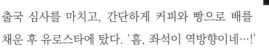

"여행자의 삶으로 돌아오니까 너무 설렌다."

"나도. 런던은 어떤 모습일지 궁금해."

출국 심사를 마치고, 간단하게 커피와 빵으로 배를
채운 후 유로스타에 탔다. '흠, 좌석이 역방향이네…!'
정방향이 아니라 아쉬웠지만, 유럽 여행을 하면서 역방향으로 기차를 탈
때 멀미하지 않고 잘 다녔기 때문에 괜찮을 거라고 생각했다. 그런데 유
로스타는 '해저터널'을 지나가는 기차라서 창밖이 컴컴한 암흑이다. 컴
컴한 암흑을 보며 역방향으로 가서 그런지 속이 좀 메슥거렸다.

두 시간 반 정도 만에 런던에 도착.

'내가 이번 연도에 또 런던에 오게 되다니…!' 입국 심사를 마치고, 역 밖
으로 나와서 빨간 이층 버스를 보자마자 눈물이 날 뻔했다.

"와, 런던이야! 나 눈물 날 것 같아."

역시 런던은 파리보다 따뜻함이 느껴진다. 오랜만에 슈트 입은 런던 사
람들을 보니까 더 설렜다.

영어를 쓰는 나라여서 의사소통에 대한 안심 때문인지 파리에서 알게 모르게 긴장했던 마음이 좀 풀리는 듯했다.

캐리어를 끌고 빨간 이층 버스를 탔다. 런던에서 여행하던 5월이 생각난다. 51일 동안의 유럽 여행 중 가장 첫 번째 나라였던 '런던'. 사람들이 유럽에서 여행했던 나라 중 어느 나라가 제일 좋았냐고 물어보면 나는 '런던'이라고 말했었다.

"유럽 여행의 첫 나라라서 좋았던 거 아니야?"

이 말을 듣고 내가 정말 유럽의 첫인상에 대한 기억 때문에 '런던'을 좋아하는 건지, 아니면 '런던'의 도시 자체를 좋아하는 것인지 궁금했는데, 런던에 다시 와 보니까 내가 '런던' 도시 자체를 너무 좋아한다는 걸 확실히 알 수 있었다.

숙소에서 짐을 정리한 후 버스를 타고 소호 거리로 이동했다.

"와, 유정아 여기 공원 너무 예쁘다!"

"내릴래?"

"그래, 내리자!" "삑-"

창문 밖으로 너무 예쁜 공원이 보여서 급하게 벨을 누르고 내렸다.

지도를 찍어보니 '하이드 파크'라고 나왔다.

너무 예쁘고, 평화로웠던 공원. 초록색의 잔디가 끝없이 펼쳐진 공원에서 유모차를 끌며 산책하는 가족, 참새를 쫓으며 뛰어노는 강아지들, 자전거를 타며 산책하는 사람들의 모습이 여유롭고 평화로워 보였다. 그리고 한 줄로 서서 한 마리씩 차례대로 호수에 빠지는 오리들도 너무 귀여웠다.

"유정아, 너무 평화롭다. 나 지금 너무 행복해!"

"나도 너무 좋다. 가슴이 뻥 뚫리는 기분이야! 런던 사람들은 이렇게 넓고 예쁜 공원들이 많아서 좋겠다."

한참 동안 공원 안을 돌아다니면서 산책을 하다가 다시 버스를 타고 소호

* 하이드 파크(Hyde Park) *

거리로 이동했다. 소호 거리에서 내려서 스타벅스에 들러 '런던 시티 카드'와 '리싸이클 머그컵'을 사고, '위타드'로 가서 '핫초코'와 '민트 초코'를 샀다.

'벌써 한 짐이 되었네. 그래, 여행은 쇼핑과 함께 해야지.'

맛있어 보이는 음식점에 들어가서 저녁을 먹은 후, 짐들을 놓기 위해 숙소로 왔다.

"우리 이제 야경 보러 가자!"

유진이와 런던아이를 타고 야경을 보고 싶어서 숙소에 짐을 놓고 부랴부랴 왔는데, 딱 마감 시간에 도착해서 타지 못했다.

"아, 아쉬워… 조금만 더 일찍 올걸."

"다음에 또 런던에 오라는 의미로 남겨두자."

아쉬웠지만, 다음번에 또 런던에 오라는 의미로 남겨두고, '템즈 강' 주변을 따라 야경을 본 후 숙소로 왔다.

'오늘 하루도 진짜 알차게 보냈다.'

* 런던아이(Coca-Cola London Eye) *
Lambeth, London SE1 7PB

Day. 82 in 옥스포드(Oxford)
10.13 금요일

> Victoria Coach Stop 10 (2시간 소요) ▶ 옥스퍼드(Oxford) ▶ (Carfax
> Tower (전망대) – 크라이스트 처치 – 커버드 마켓 – 보틀릴안 도서관 – 커
> 피숍) ▶ 세인트폴대성당(St. Paul's Cathedral) ▶ 런던 브릿지(London
> Bridge) ▶ 타워 브릿지(Tower bridge)

'런던'에서의 이틀째 날.

유진이는 동행들과 런던 시내를 돌아다니기로 하고, 나는 런던 여행 때
가보지 못했던 '옥스퍼드'를 가기로 했다.

런던에 오기 전, 파리 숙소에서 옥스퍼드로 가는 코치를 예약하려고 사
이트에 들어갔는데, 가고 싶은 날짜에 내가 첫 손님이라 가격이 '1파운
드'로 떴다. 옥스퍼드에서 런던으로 다시 돌아오는 가격은 '1.70 파운드'.
"왕복 2.70파운드라니!!"

싼 가격으로 티켓을 구매할 수 있어서 더 기대되었던 '옥스퍼드'.

혼자 갈 뻔했는데 다행히 전날 동행이 구해졌다. 옥스퍼드로 가는 코치
를 타기 위해 빅토리아 코치 10번 정류장으로 갔다. 시간이 거의 다 됐는
데도 우리가 예약한 코치가 나타나지 않아서 버스 기사에게 물어보니 앞
에 있는 코치를 타면 된다고 했다.

'앞에? 코치 이름도 다르고 회사도 다른 거 같은데?'

예약한 코치 회사의 이름이 달랐지만, 창문에 'Oxford'라고 적혀 있었기
때문에 기사님을 믿고 탔다.

2층 맨 앞자리에 앉아서 경치도 보고, 꾸벅꾸벅 졸다 보니 어느새 옥스퍼

드에 도착했다.

'우와… 여기는 런던하고 또 다른 느낌이구나!!'

차분하지만 뭔가 젊음이 느껴지면서 통통 튀는 느낌의 도시였다. 옥스퍼드의 전망을 보기 위해 우리는 제일 먼저 'Carfax Tower'인 전망대에 올라가기로 했다. 티켓을 끊고 기다리고 있는데, 직원이 "Are you Korean?"이라고 물어봐서 맞다고 했더니 한국 사람처럼 보인다고 한다.

"How did you think we were Korean?"

"I can tell the difference between Korean, Japanese, and Chinese."

"How?"

"I can tell by the hairstyle."

머리 모양으로 한국, 일본, 중국 사람을 구분한다는 직원. 나라마다 머리 모양이 조금씩 다르다고 했다.

전망대로 올라가라는 사인을 받고, 계단을 올라가려고 입구로 들어갔는데 1인용 계단인 건지, 나선형 계단이 너무 좁았다.

전망대로 올라가는 계단의 모습

앞에서 힘겹게 올라가고 있던 외국인과 눈이 마주쳤는데, 외국인도 좁은 계단 때문에 당황했는지 우리를 보고 웃는다. 너무나 충격적이었던 계단.

이렇게 좁은 계단을 끙끙거리며 올라가면 전망대가 나온다.
'어딜 가나 전망대에서 보는 전망은 진리구나.'
동행이 사진을 찍어 준다고 해서 예쁜척하려고 했는데 바람이 너무 많이 불었다.
'그래 바람아 너는 불어라- 나는 사진 찍으련다.'
제멋대로 휘날리는 머리카락과 함께 옥스퍼드의 전망 사진을 찍었다. 다시 계단을 이용해서 내려가려고 하는데, 이번에는 덩치가 꽤 있는 남자 외국인이 서커스 공연을 하듯이 힘겹게 계단을 내려가고 있었다.

자신의 모습이 웃겼는지 우리를 보며 웃길래 그 모습이 귀여워서 우리도 웃으며 따봉을 해줬다. 정말 재미있는 1인용 계단이었다.

다음은 오늘의 메인 장소인 '크라이스트처치'로 갔다. 들어가기 전부터 해리포터 분위기가 나서 너무 설렜다. 퀴디치 경기를 하던 운동장에서 사진을 찍으며 구경을 하다가 드디어 식당 안으로 들어갈 수 있는 시간이 되어서 줄을 섰다.
'해리 포터 영화에 나왔던 그 멋진 식당을 내가 실제로 보게 된다니!'
한 줄로 쭉 서서 식당으로 들어갔다. 영화에서 나왔던 것보단 넓지 않았지만 정말 어디선가 해리 포터와 마법사들이 나올 것 같은 느낌이 풍겨 나왔다. 그래서인지 머릿속에 마법 주문들이 계속 생각이 났다. 실제로 옥스퍼드 대학교에 다니는 학생들은 이곳을 식당으로 사용한다고 하는데, 여기에 앉아서 밥을 먹으면 어떤 생각과 어떤 기분이 들지 궁금하다.

* 크라이스트처치(Christ Church) *

"우리 런던 로컬 음식 먹어 볼까요?"

동행과 점심으로 '커버드 마켓' 안에 있는 음식점에서 영국의 로컬 음식을 먹어보기로 했다. 'beef kidney pie'였는데, 파이 안에 고기와 채소가 들어 있었고, 파이 밑에는 으깬 감자가 깔려 있었다. 양도 적당하고, 맛도 적당하게 맛있었던 음식이었다.

늦은 점심을 먹은 후 휴식도 가질 겸 커버드 마켓에서 나와 '보틀리안 도서관' 근처에 있는 카페 테라스에 앉아서 맥주와 커피를 마셨다. 잠깐이라도 옥스퍼드 학교의 대학생이 된 기분.

* 커버드 마켓(Covered Market) *

* 비프 키드니 파이 *
(beef kidney pie)

보틀리안 도서관 근처에 있는
카페 테라스에 앉아서 커피 마시는 중

이제 런던으로 돌아가려고 코치를 타러 정류장으로 갔다. 그런데 이번에
도 내가 예약한 코치가 아니다. 기사님께 물어보니 이거 타면 된다고 하
길래 기사님이 가리킨 코치를 탔다. '시스템이 좀 특이하네.'
'갈 때도 올 때처럼 바깥 경치 구경하면서 편하게 가면 되겠지.'라고 생
각했는데, 복병이 나타났다.
차가 막힌다. 그것도 엄청. 너무 막혀서 거의 기어가는 수준으로 가고 있
었고, 밖은 이미 어둑어둑해져서 경치는 보이지 않았다. 도착 예정 시간
보다 1시간이 지나고, 2시간이 지나, 4시간 반 만에 런던에 도착했다.
'가는 길이 이렇게 막힐 줄이야.'
차가 너무 막혀서 피곤했지만, 오늘이 런던에서 지내는 마지막 날이기
때문에 '타워 브릿지'와 '세인트폴 성당'의 야경까지 보기로 했다. 편의
점에서 샌드위치와 과일, 음료수를 사서 간단하게 저녁을 먹고 타워 브
릿지까지 걸어갔다.

여전히 너무 예쁜 '타워 브릿지'와 '세인트폴 성당'의 야경.
런던 여행 때 '야경 투어'를 하면서 가이드의 설명을 들으며 야경을 봤던
기억이 새록새록 생각났다. 그때는 '런던에 언제 다시 오나···.' 생각했는
데 5개월 만에 런던에 다시 오게 될 줄이야. 런던에 다시 와서 야경을 보
고 있는 지금이 믿기지 않으면서 마음이 뭔가 싱숭생숭했다.
옥스퍼드에서 너무 늦게 오는 바람에 유진이와 저녁에 약속했던 맥주를
마시지 못해서 좀 아쉬웠지만, 오늘 하루도 알차고 재밌게 보낸 것 같다.

* 타워브릿지(Tower bridge) *
Tower Bridge Rd, London SE1 2UP

Day. 83 in 런던(London) & 파리(Paris)
10.14 토요일

스타벅스(Starbucks) ▶ London Review Bookshop ▶ 러셀 스퀘어 (Russell square) ▶ 스시집 ▶ 런던 세인트판크라스역 (St-Pancras) ▶ 파리 북역(Parist Nord)

숙소에서 체크아웃하고 캐리어를 끌고 나왔다. 하루 일정을 시작하기 전, '워털루(Waterloo)'역 안에 있는 스타벅스에서 아메리카노를 시켰다. 얼마나 뜨겁게 주시던지 식히려고 뚜껑을 열었더니 뜨거운 김이 하늘로 치솟아서 당황했다. 커피를 다 마시고 유진이와 사고 싶었던 에코백을 사기 위해 'London Review Bookshop'으로 갔다.

외관부터 너무 예뻤던 서점. '서점에 왔으니까 책도 좀 구경해야지!' 생각했지만 영어로만 쓰여있는 책에 흥미가 생기지 않고, 에코백 쪽으로만 고개가 돌아가길래 책 보는 건 포기하고 파란색, 초록색 에코백을 하나씩 사서 나왔다.

에코백을 접어서 캐리어에 넣기도 하고 잠깐 쉬기도 할 겸 서점 근처에 있는 광장으로 들어갔다. 평화로움이 가득 느껴지는 광장.

광장에서는 잔디밭에서 뛰어노는 강아지들, 의자에 앉아서 책을 보거나 잔디밭에 누워서 눈을 감고 쉬는 사람들의 모습들이 보였다. 런던에는 공원과 광장들이 굉장히 많은데, 그 공원들과 광장들이 모두 예쁘고 따뜻한 느낌을 뿜고 있어서 좋다.

"이제 각자 집으로 돌아가야 할 시간이네!"

아쉽지만 이제 여행을 마치고 서로 헤어져야 할 시간이다. 유진이는 한국으로 가기 위해 공항으로 가는 전철을 타고, 나는 다시 파리로 가기 위해 '세인트 판크라스 역'으로 왔다. 심사를 다 마친 후 시계를 보니까 유로스타를 타기 전까지 시간이 남았길래 빈 의자에 앉아서 핸드폰을 하고 있었다. 어느새 여기저기에서 들려오는 불어. 이틀 동안 영어만 듣다가 알아들을 수 없는 불어가 다시 들리니까 갑자기 머리가 아팠다.

'다시 파리로 가는구나.'

짧았던 런던 여행이 더 아쉽게 느껴졌다.

시간이 되어 유로스타에 탑승하고 두 시간 만에 파리에 도착했다.

'다른 나라를 가는데 서울에서 부산까지 ktx를 타고 가는 것보다 더 빨리 가네. 진짜 가깝다.'

다른 나라를 이렇게 빨리 갈 수 있다는 게 신기했다. 밤늦게 숙소에 도착해서 사장님과 스탭에게 안부 인사를 나누고 바로 씻고 침대에 누웠다.

* 2박 3일 런던 *

● 첫째날
숙소(한인 민박) -83200원(계좌이체)
교통비 -15£   스타벅스 리사이클 컵 -11.6£
스타벅스 시티 카드 -3£
점심(햄버거) -12£   저녁-7£
위타드 코코아& 민트 코코아 -19.5£ 위타드 차 -7£
=75.1£ + 83200원

● 둘째날
간식 -2.70£   커피 -1.95£
동생 기념품(공책) -9.99£
점심 -7£   저녁 -3.39£
전망대 -2.50£   크라이스트 처치 -8£
교통카드 탑업 -5£
=40.53£

● 셋째날
아메리카노 -2.75£   에코백 2개 -16£
점심 -14£   기념품 펜 & 물 & 오렌지 초콜릿 -9.77£
=42.52£

● 2박 3일 총 경비
65€(유로스타) + 83200원(숙소) + 158.15£(생활경비)
=498800원

노트르담 대성당(Cathédrale Notre-Dame de Paris) ▶ 말롱고(Malongo cafe) ▶ Creperie Saint - Germain ▶ 피에르 에르메(Pierre Herme) ▶ 마레 지구(Le Marais) ▶ 바토 파리지앵(Bateaux Parisiens)

어제 숙소에 늦게 도착했더니 피곤함이 그대로 남아 있었다.

'좀 쉴까?' 생각했지만, 파리에 있을 날이 얼마 남지 않기도 하고 대성당에서 미사를 다시 드려보고 싶은 마음에 '노트르담 대성당'으로 갔다. 이번에도 관광객이 서 있는 긴-줄을 지나 미사 드리는 줄로 대성당에 들어갔다. 노트르담 대성당에서 두 번째로 드리는 예배.

이번에는 11시 예배에 참석했는데, 확실히 아침 일찍 드리는 예배보다 사람들이 더 많았다. 1시간 10분 동안 진행되는 미사를 드린 후, 피곤함을 털어내기 위해 노트르담 대성당과 가까이에 있는 '말롱고'로 가서 에스프레소를 주문했다. 커피를 마시면서 이런저런 생각을 하다가 저번에 '말롱고' 근처에 크레프 가게들이 많았던 거리가 생각나서 점심으로 '크레프'를 먹기로 했다.

많은 크레프 집들 중 인테리어가 가장 예쁜 곳으로 선택. 식사용으로 먹는 크레프는 처음이라 메뉴판을 보고 고민을 하다가 도저히 고르지 못하겠기에 직원이 추천해 준 메뉴 중 하나를 주문했다.

"우와 진짜 맛있어." 짜지도 않고, 양도 적당해서 너무 맛있었다.

한국 가기 전에 한 번쯤 크레프 전문점에서 '식사용 크레프'를 먹어보고 싶었는데, 성공해서 기분이 좋았다.

* Creperie Saint - Germain *
33 Rue Saint-André des Arts, 75006 Paris

든든하게 배를 채우고 한국에 가져갈 마카롱을 사려고 마카롱으로 유명한 'Pierre Herme'로 갔다. 인터넷으로 찾아보면서 먹어보고 싶은 맛들을 정하고 갔는데, 막상 마카롱들을 보니까 종류가 더 많이 있었고 더 맛있어 보이는 마카롱들이 있어서 갑자기 뭐를 골라야 할지 혼란스러웠다. 뒤에는 사람들이 계속 줄을 서서 기다리고 있어서 빨리 골라야 할 것 같은 압박감에 식은땀이 났다. '에라 모르겠다.'

진열대에서 많이 없어진 맛의 마카롱부터 딱딱 골랐다.

'마카롱 고르는 게 이렇게 힘들 줄이야!'

그리고 오늘은 '바토 파리지앵' 타는 날.

저번에 숙소에서 머물던 손님이 '바토 파리지앵' 티켓 두 개를 선물로 주고 가셔서 아끼고 있었다. 날씨도 좋고, 파리에 있을 날도 얼마 남지 않아서 옥스퍼드를 갈 때 같이 갔던 동행과 같이 타기로 했다.

"도대체 타는 곳이 어디지?"

선착장을 찾지 못해서 배를 놓칠까 봐 조마조마했다. 여기일 것 같은 선착장에 '에라 모르겠다 맞겠지'하고 들어갔는데, 다행히 바토 파리지앵을 타는 곳이 맞았다. 이렇게 출발 1분 전에 탑승.

날씨가 좋아서 사람들이 다 유람선 지붕에 설치된 의자에 앉아 있길래 우리도 숨을 고르며 의자에 앉았다.

"크, 너무 좋다."

센 강 위에서 보는 파리의 야경은 지금까지 봤던 야경과 또 다른 느낌의 모습이었다. 같이 탄 사람들이 노래를 부르며 흥을 돋우었다. 배가 다리를 지나갈 때마다 다리 위에 있는 사람들이 손을 들고 인사해 줘서 배에 타고 있는 사람들도 손을 흔들며 손 인사를 주고받았다.

'저에게 바토 파리지앵 티켓을 준 언니! 정말 고마워요.'

커피 -2.80€
마카롱 -10.40€
크레프 -14.40€
쇼콜릿 -9.90€
= 46.50€

* 피에르 에르메(Pierre Herme) *
72 Rue Bonaparte, 75006 Paris

* 바토 파리지앵(Bateaux Parisiens) *
Port de la Bourdonnais, 75007 Paris

몽쥬약국(Pharmacie Monge) ▶ 마레 지구(Le Marais) ▶ Bleu Olive(cafe)
▶ Le Petit Cailldu(점심-햄버거) ▶ 뤽상부르 공원(Le Jardin du
Luxembourg)

오늘은 파리를 마지막으로 느낄 수 있는 날.

기념품을 사기 위해서 아침 일찍부터 '몽쥬약국'으로 갔다. 사려고 했던
물건들을 다 담고 계산을 하는데, 텍스프리를 받으려면 40유로를 더 사
야 한다고 했다.

'흠, 40유로라.'

텍스프리를 받으려고 40유로를 더 쓰는 게 오히려 손해인 것 같아서 그
냥 텍스프리를 받지 않고 계산했다.

저번에 마레 지구에서 발견한 초콜릿 가게에서 '커피콩 초콜릿'도 사고,
Bleu Olive 카페에서 발견한 'cider'도 사과 맛과 배 맛을 하나씩 샀다.
기념품들을 사느라 온종일 바빴던 오늘. 파리에서 지내는 마지막 날이라
고 생각하니까 아쉬운 마음에 파리의 분위기를 더 가득 느끼고 싶어서
여기저기 열심히 돌아다녔다.

숙소로 가는 길, 배가 고파서 눈에 보이는 음식점에서 햄버거를 먹었는
데, 플레팅도 예쁘고 맛도 너무 맛있었다.

'파리에서 마지막으로 먹는 햄버거구나.'

파리의 마지막 일정은 내가 좋아하는 '뤽상부르 공원'에서 보내고 싶어

서 숙소에 짐을 놓고 나왔다.

'뤽상부르 공원'은 저번에 왔을 때와 다르게 나뭇잎들이 알록달록하게
물들어 있었고, 바닥에 나뭇잎들도 많이 떨어져 있었다.

"내가 처음으로 뤽상부르 공원에 왔을 때는 나뭇잎들이 '초록 초록' 했는
데, 벌써 시간이 지나서 나뭇잎들이 물들었구나."

내가 좋아하는 위치에 의자를 끌고 와서 앉았다. 의자에 앉아서 가만히
나무들을 보고 있으니까 기분이 싱숭생숭했다. 여름이 지나고 가을이 되
어서 나뭇잎 색깔이 변할 때까지 내가 파리에 있었다는 생각에 이런저런
감정이 들면서 지금까지 파리에서 지냈던 날들을 기억하며 생각에 잠겼다.

"삐-삐-삐-"

그런데 갑자기 여기저기서 들려오는 호루라기 소리.

'이건 무슨 소리지…? 무슨 일이 일어났나?' 했는데, 공원이 문 닫을 시간
이라서 나가라고 알려주는 신호였다.

'아, 아쉽다.'

공원을 나와서 버스를 타고 숙소로 왔다. 이렇게 길면 길고, 짧으면 짧았
던 파리 생활이 마무리되어간다.

'내가 다시 파리로 올 수 있을까…?'

속상하고, 우울했던 날도 있었지만 좋은 기억들도 너무 많았기에 모두
잊지 못할 추억이 될 것 같다.

파리에서의 마지막 밤.

침대 위에서 일기를 쓰며 파리 생활을 마무리하려고 한다.

내일은 한국으로 갈 준비를 하고, 한국으로 간다.

* Le Petit Cailldu(점심-햄버거) *
210, rue de grenelle, 75007 paris

몽쥬약국 -137.15€
craft pear cider
-7.60€
점심 -19€, 초콜릿 -9.99€
젤리 -3€
= 176.74€

* 뤽상부르 공원(Le Jardin du Luxembourg) *
75006 Paris

Day. 86
10.17 화요일

샤를드골 공항(Aéroport de Paris-Charles-de-Gaulle) ▶ 인천국제공항
(Incheon International Airport) ▶ 우리 집

아침 일찍 일어나서 준비하고, 공항으로 가는 리무진을 타기 위해 8:40
분에 숙소에서 나왔다. 열심히 두 개의 캐리어를 끌고 에펠탑 앞에 있는
공항 리무진 정류장에서 리무진을 기다리는데, 도착 시간이 지나도 오지
않는다. '기다리면 오겠지'라고 생각하며 기다렸는데 30분이 지나고, 40
분이 지나도 오지 않는다.
'뭐지? 왜 안 오지?'
슬슬 촉박해지고, 불안해지기 시작했다. 결국 1시간이 지나고 9:45분에
도착한 리무진을 탔다.
'일찍 오면 뭐 하니. 1시간을 기다렸는데.'
내가 시간을 착각했거나 한 대의 리무진이 그냥 지나간 것 같다.

탑승하기 전까지 남은 시간이 1시간밖에 남지 않았기 때문에 공항에 도
착하자마자 서둘러 체크인을 하려고 열심히 '에어프랑스' 카운터를 찾았다.
그리고 여기서 엄청난 난관을 겪게 된다.
나는 당연히 승무원이 체크인을 해 주는지 알았는데, 알아서 기계로 '셀
프 체크인'을 해야 한다. 기계 앞에 섰는데 어떻게 해야 하는 건지, 뭐가
뭔지 하나도 알 수 없어서 엄청나게 당황했다. 허둥지둥 데다가 옆에서
체크인하는 사람들을 보면서 따라 해서 다행히 체크인을 완료하고 항공
권을 뽑을 수 있었다.

이제 수화물을 부칠 차례. 카운터로 가서 캐리어를 올려놓고 수화물 무게를 쟀는데, 예상치 못한 수화물 무게 초과가 나왔다. 승무원이 수화물 무게가 초과했다면서 몇 번 출구로 가서 돈을 내고 와야 한다고 했다.

'시간도 없는데 수화물 초과 금액도 내러 가야 한다니…!'

여기저기 뛰어다니면서 승무원이 알려준 카운터를 찾아 종이를 줬더니 수화물 초과 금액으로 '100유로'를 내야 한다고 말한다.

'100유로? 조금 오버한 거 같은데 100유로를 내라니! 너무 많은 거 아니야?'

너무 아까웠던 100유로.

아무래도 기념품으로 산 천연소금의 무게가 많이 나가서 오버된 것 같다. 슬픈 마음으로 초과 금액을 내고 출국 심사를 받기 위해서 줄을 섰는데, 이번에는 '기내용 캐리어' 무게를 재야 한다고 한다. 정말 이 캐리어도 초과하면 돈도 없고 버릴 물건도 없어서 너무 조마조마했었는데, 다행히 딱 기준점인 12kg이 나와서 통과했다. '휴….'

출국 심사를 마치고 면세점 돌아볼 시간도 없이 바로 탑승 터미널로 갔다. 비행기를 타려고 줄 서 있는 사람들.

'아이고 힘들다 힘들어. 참 다사다난하다. 파리 출국하는 과정이 이렇게 험난할 줄이야. 그래도 이제 알았으니까 다음부턴 잘하겠지.'

드디어 한국행 비행기에 탑승. 비행기에 탑승해서 좌석에 앉자마자 탑승했다는 안도감에 팔다리의 힘이 확 풀렸다.

'이제 한국으로 가는구나.'

시원섭섭한 마음과 여러 가지 감정이 들어서 나도 모르게 눈에 눈물이 맺혔다.

10시간 후면 한국에 도착한다. 이제 한국에 가면 어떤 것들을 해야 할까. 아직 계획한 건 없지만 차근차근 생각해 보면서 취직하기 전까지 다시 알차게 보내야겠다.

이제 한국에 도착할 시간이 3시간 정도 남은 시점에서 쓰는 마지막 파리 일기. '배고프다. 빨리 기내식이 나왔으면 좋겠다.'

안녕? 한국, 안녕! 파리. 다음에 또 보자.

* 샤를드골 공항(Aéroport de Paris-Charles-de-Gaulle) *
95700 Roissy-en-France

* 인천국제공항 (Incheon International Airport) *
인천광역시 중구 공항로 272

* 에필로그 *

'86일, 파리 일기'를 마치며.

한국으로 귀국을 한 후 한참 동안 일기장을 펴지 못했다.

아마도 '이상'과 '현실'에서 오는 '괴리감' 때문이었던 것 같다.

여행자들을 만나며 이야기 나누고, 시간이 나면 파리 이곳저곳을 다니며 생활했던 일상이 한순간 취직에 고민하며 살아가는 현실을 맞닥뜨렸기 때문이다. 파리에서의 특별한 날들이 나의 평범한 일상이라고 착각했다. 그래서 그 일상을 깨고 싶지 않아 일기장의 첫 장을 넘기는 것이 두려웠고, 떨렸다.

내가 지금 일기장을 피면 '더 깊은 구렁 속으로' 빠져들 것 같은 기분이 들었다.

'그래, 원래 이렇게 평범하게 사는 삶이 나의 진짜 삶이야.'라고 인정하기까지 시간이 필요했다.

한 달이 지나고, 두 달이 지나고, 여섯 달이 지났을 무렵.

문득, 일기장을 펴보고 싶었다.

어느 정도 현실을 깨달으며 마음이 안정되고 있었던 시기인 거 같다.

떨리는 마음으로 일기장을 펼쳐 파리에 도착했던 1일부터 일기장을 보는데, 그때가 생각나며 반가웠다.

그때의 기억들을 매일 글로 남긴 것을 너무 잘했다고 생각했다.

앞으로도 나는 여행을 갈 것이다.

그리고 그 나라에서만 느낄 수 있는 기억과 느낌들을 '파리의 일기'처럼 매일 일기로 남기려 한다.

오글거릴 수도 있는 저의 '86일, 파리 일기장'을 끝까지 읽어 주셔서 감사합니다.

그리고 응원해 주셔서 감사합니다.

계속해서 응원해주시면 그 응원에 보답할게요.

86일, 파리 일기

Daily Diary in Paris

초 판 1 쇄   2019년 7월 15일
지 은 이   박유정
펴 낸 곳   하모니북

출판등록   2018년 5월 2일 제 2018-0000-68호
이 메 일   harmony.book1@gmail.com
전화번호   02-2671-5663
팩   스   02-2671-5662

ISBN 979-11-89930-19-6 03920
ⓒ 박유정, 2019, Printed in Korea

값 15,000원

이 도서의 국립중앙도서관 출판예정도서목록(CIP)은 서지정보유통지원시스템 홈페이지
(http://seoji.nl.go.kr)와 국가자료공동목록시스템(http://www.nl.go.kr/kolisnet)에서 이
용하실 수 있습니다.
CIP제어번호 : CIP2019023653

이 책은 저작권법에 따라 보호받는 저작물이므로 무단 전재와 무단 복제를 금지하며, 이 책 내
용의 전부 또는 일부를 이용하려면 반드시 저작권자와 출판사의 서면 동의를 받아야 합니다.